MARIE-CHRISTINE ET DIDIER CLÉMENT

LA MAGIE

DU CHOCOLAT

PHOTOGRAPHIES DE ANDRÉ MARTIN

ALBIN MICHEL

~BRICATION DU CHOCOLAT

éléments dont se compose le chocolat sont
~CACAO, le SUCRE et la VANILLE.

~ettoyé, est torréfié, broyé, mélangé au sucre et ré~
~étuvée pendant ~ ~res, puis mise en moule
~ur se durcir, démoul~
~ets pour la vente.

~E NON ENVELOPPÉ~

CACAO POULAIN
POULAIN'S COCO~

GOUTEZ ET
COMPAREZ
Cacao Poulain
SOLUBILISÉ
PREMIÈRE
MARQUE FRANÇAISE
BLOIS (FRANCE)

GOÛTEZ ET COMPAREZ
Qualité surfine Vanille
PRIX DU 1/2 K⁹
2 Francs

N° 6	N° 7
GERMES DE CACAO	COQUES DE CACAO
L'embryon de la fève de cacao ou germe, est tellement dur, qu'il est impossible de le broyer. Aussi, faut-il en débarrasser les fèves avec le plus grand soin. Cette opération se fait avec beaucoup de difficultés, dans une série de machine appropriées.	Les coques de cacaos adhérentes aux fèves avant la torréfaction, s'en séparent facilement après. Les fèves torréfiées sont cassées, puis soumises à plusieurs reprises à une ventilation énergique qui les sépare de leur coque. Les coques de cacao constituent un excellent aliment pour le bétail.

L'EXTRAORDINAIRE HISTOIRE
D'UN ENFANT GOURMAND

La gourmandise peut mener à bien des folies… En France, nous ne consommons véritablement du chocolat que depuis cent cinquante ans. Introduites à la Cour au XVIIIe siècle, ces fèves brunes qui servaient à préparer le breuvage des dieux aztèques furent d'abord considérées comme un tonique savoureux réservé à l'aristocratie et aux gens de lettres. Mme de Sévigné et Voltaire en faisaient leur régal, le prenaient seul, pour tout dîner, et en recommandaient les vertus. Le chocolat dut attendre le XIXe siècle et l'ère industrielle pour se démocratiser. Encore fallait-il que des hommes visionnaires fussent à la fois séduits par la magie du produit et désireux de faire connaître à tous les saveurs chaudes et onctueuses de cette pâte mordorée qui n'était utilisée, à l'origine, que comme un mets de santé.

C'est l'extraordinaire histoire de l'un d'eux que nous voulons vous conter ici. D'un petit garçon touché par la grâce de la gourmandise, né aux confins de la Sologne en 1825, et qui devint par une ténacité peu commune l'un des premiers maîtres chocolatiers de France.

Il s'appelait Victor Auguste Poulain…

CI-DESSUS : *l'un des rares portraits de Victor Auguste Poulain.*

PAGES 4 ET 5 : *boîte appelée « musée scolaire », distribuée par le Chocolat Poulain, dès 1906, dans les écoles, accompagnée d'un tableau mural (1909).*

CI-CONTRE : *le Pierrot dessiné en 1898 par Firmin Bouisset pour symboliser la marque.*

Les ailes du petit Victor Auguste

L'histoire de Victor Auguste Poulain pourrait s'apparenter à un conte de fées tant elle est riche en coïncidences et en rebondissements. Mais elle est simplement représentative de ces fascinants destins de certains grands chefs d'industrie du XIXᵉ siècle, qui étaient animés d'une fougue aventurière.

C'est dans une modeste ferme de Sologne, comme il en existait tant, que naquit Victor Auguste Poulain, le 11 février 1825. Sa mère, Jeanne-Élise, née Galloux, le mit au

monde un matin, à six heures : il était son dixième enfant ; sept seulement avaient jusque-là survécu. Son père, Bruno-François Poulain (patronyme que l'on écrivait Poulin jusqu'à la fin du XVIIIᵉ siècle), exploitait cette ferme des Bordes dont sa famille louait la terre depuis 1775 au châtelain voisin. Les premiers pas du petit garçon le menèrent naturellement aux champs. Comme tous les autres enfants de son âge, il fut chargé de mener pacager les oies et, fier de cette responsabilité, les rappelait à l'ordre du bout d'une longue « dine », deux fois plus grande que lui. Comme eux, il déterrait les « jeannottes »[1] pour en sucer le lait sucré ou ajustait entre ses mains en conque deux brins d'herbe coupante pour en faire un sifflet strident. La campagne était pauvre mais peuplée et familière.

Sa constitution chétive l'empêchant d'aider efficacement à la ferme, ses parents décidèrent de l'envoyer à l'école. Il ne pouvait être question de lui faire franchir la grille de l'illustre collège de Pontlevoy qui formait depuis le XIᵉ siècle, dans la prestigieuse abbaye bénédictine sise au cœur du village, l'élite aristocratique puis bourgeoise de la France. Comme Victor Auguste le dira lui-même plus tard, il grandit « à l'ombre du grand collège », à l'ombre seulement, puisque ce fut la classe de Mme veuve Chiquet, située juste de l'autre côté de la place, qui l'accueillit. À l'âge de six ans, le petit Victor Auguste, portant l'hiver sa bûche sous le bras, partait à l'aube, parcourait à pied les 3 kilomètres qui le séparaient de Pontlevoy pour retrouver la pièce sombre, froide et enfumée,

La ferme des Bordes où vécut Victor Auguste jusqu'à l'âge de 9 ans.

aux relents de crasse, de craie et d'encre, où la brave institutrice s'ingéniait à inculquer à quelques enfants les rudiments scolaires. Là, il n'était pas question de prestigieux uniformes, de thèmes grecs ni de prosodie latine, mais de simples leçons de lecture, d'écriture et de calcul ressassées inlassablement, dévidées en boucle, comme le fil de laine d'un rouet. Jugea-t-on que le petit Victor Auguste, inutile à la ferme, était une bouche de trop à nourrir, et que les maigres enseignements de Mme Chiquet, qui coûtaient 1 fr. 50 par mois à ses parents, étaient trop cher payés ? Toujours est-il qu'après seulement trois ans d'école, il mit son baluchon sur l'épaule un beau matin de 1834 et partit vers l'ouest, en direction de Tours. Grand-père, il racontait encore à ses petits-enfants ce départ précipité, ne sachant plus s'il avait alors neuf ans et 10 sous en poche ou dix ans et 9 sous [2]…

Sur la route de Montrichard, la marche rythmée par ses sabots sonores, pensa-t-il à

ce moment où, il n'y avait pas encore si long-temps, il s'était élancé du haut d'une butte, des ailes d'oie attachées aux bras, et avait eu, pendant quelques secondes, avant de retomber brutalement, la nette impression de voler ? Ce vertige, cette sensation de liberté et d'aventure déterminèrent sa volonté. La route et la vie s'ouvraient à lui. Ses pas le menèrent plus modestement jusqu'à Bléré, où Pierre Minier, épicier place du Marché-aux-Légumes, avait besoin d'un commis et l'engagea.

Au Mortier d'argent

Victor Auguste resta deux ans dans cette petite épicerie, à couler des chandelles, remplir des cornets et garnir les étagères, dans un climat familial bienveillant que peut-être il n'avait pas connu jusqu'alors, entre M. et Mme Minier, leur fille Désirée et la bonne, Marie Gapiot. Puis, après un bref passage chez un autre épicier, à Blois, M. Delagrange, il monta à Paris, une lettre de la comtesse de Ribeyreys en poche. La châtelaine des Bordes, qui, lorsqu'il était encore enfant, avait remarqué son intelligence et sa détermination, le recommanda à son épicier parisien, M. Leguerrier. Vingt-quatre heures lui furent nécessaires pour gagner la capitale à bord de la patache « la Pompe », ainsi que la somme de 20 fr. 25, équivalant à plus de deux mois de salaire.

Victor Auguste avait treize ans quand, encore chahuté par le voyage et les bruits inhabituels de la capitale, il se présenta rue des Fossés-Monsieur-le-Prince, devant la splendide épicerie à l'enseigne *Au Mortier*

Le comptoir de l'épicerie Au Mortier d'argent *dont les ciselures inspirèrent au chocolatier les rinceaux des premiers « foulards » de ses tablettes de chocolat.*

d'argent. La boutique parisienne n'avait rien de commun avec la petite épicerie provinciale de Bléré. Là, la patronne trônait derrière une caisse richement ornée d'entrelacs, ciselés dans un bois sombre ; M. Leguerrier servait ses clients en « bas bleus et gilet rond [3] », une casquette de loutre à ruban d'argent fixée sur la tête ; des commis en tablier bleu s'affairaient derrière un long comptoir, manipulant des pots en faïence, des bocaux remplis de pruneaux, cassant des pains de sucre et enfermant dans des sachets de papier de mystérieuses épices.

« De sa boutique procède une triple production pour chaque besoin : thé, café, chocolat, la conclusion de tous les dangers réels ; la chandelle, l'huile et la bougie, sources de toute lumière ; le sel, le poivre et la muscade, qui composent la rhétorique de la cuisine ; le riz, le haricot et le macaroni, nécessaires à toute alimentation raisonnée ; le sucre, les sirops et la confiture, sans quoi la vie serait bien amère ; les fromages, les pruneaux et les mendiants, qui, selon Brillat-Savarin, donnent au dessert sa physionomie. » Celui qui énumère ainsi les vertus de l'épicerie, c'est le grand Balzac[4] en personne, qui s'approvisionne en café et en chandelles au *Mortier d'argent*, remettant sans cesse à plus tard le paiement de ses notes arriérées… Et s'il conclut que l'épicier est « l'alpha et l'oméga de notre état social », c'est le moindre hommage qu'il puisse rendre à celui qui, en lui faisant crédit, lui permet de continuer à écrire…

Victor Auguste Poulain servit-il notre illustre écrivain ? Sûrement… Mais il était à l'époque plus occupé par une nouvelle passion : il venait de découvrir un produit qui commençait à se répandre dans la capitale. M. Leguerrier, en effet, comme la plupart des grands épiciers de Paris, fabriquait son chocolat. Les jours de fermeture, le bruit du pilon se propageait jusque dans la rue. Le jeune Victor Auguste, sous la verrière de l'arrière-boutique, avec un manœuvre qui lui montrait la technique, le fabriquait à la main, moyennant une rétribution supplémentaire de 3 fr. les 30 kilos, qui représentaient alors la production maximale d'une journée de travail de deux personnes.

Le procédé de préparation était encore très archaïque, le chocolat étant principalement fabriqué manuellement jusqu'à la fin du siècle. Il fallait tout d'abord débarrasser de son enveloppe le cacao torréfié, l'étendre sur des claies pour le faire refroidir, trier les grains, les concasser et en expulser le germe. Ensuite, on broyait le cacao et le sucre, et quelquefois la vanille, dans un mortier légèrement chaud. Des plaques de granit concaves, chauffées par un brasero, remplacèrent bientôt le simple mortier, et le modeste pilon devint un rouleau en granit suspendu au plafond, auquel on imprimait un mouvement de va-et-vient, invention du Français Buisson, qui permettait désormais aux ouvriers de se tenir debout. On découpait ensuite la pâte en boudins, que l'on descendait à la cave pour les faire refroidir. Ils étaient par la suite enveloppés dans du papier d'étain et conservés dans un lieu sec.

Malgré la difficulté de la tâche, l'adolescent fut aussitôt fasciné par ce nouveau produit. Pas la peine d'en chiper pour le goûter ! Ses vêtements étaient poudrés de cacao, imprégnés de l'odeur chaude, et si, quand il se léchait les mains, son palais découvrait l'amertume d'une pâte râpeuse garnie de grains de sucre cristallisé non encore homogénéisés, il baignait toute la journée dans ces envoûtants effluves de chocolat chaud. Il venait de découvrir sa vocation : il serait chocolatier !

Ne pouvant compter sur un héritage conséquent, il lui fallait à tout prix gagner de l'argent et l'économiser. Pendant huit ans, il reçut de l'épicier parisien un salaire de 30 fr. par mois, puis 50 la dernière année, auxquels s'ajoutaient les 3 fr. d'appoint de la fabrication hebdomadaire du chocolat. Victor Auguste mit, chaque mois, près des deux tiers de ses revenus de côté. En outre, il confectionnait en cachette, après sa journée de travail, des pantoufles en tapisserie et se faisait engager certains soirs comme claqueur au théâtre de l'Ambigu. Ses applaudissements participèrent à la gloire du célèbre comédien Frédérick Lemaître, surnommé « le Talma des boulevards », et il le vit créer les rôles de Robert Macaire puis de Kean d'Alexandre Dumas.

En 1845, le jugeant « faible et de petite taille » ainsi que de « constitution douteuse », la conscription ne voulut pas de lui. Mais ses yeux vifs et pénétrants trahissaient sa force de caractère. En 1847, il décida de quitter la capitale pour retourner dans son pays et ouvrir sa propre boutique : il avait vingt-deux ans et 1 800 francs d'économies en poche.

Le cadeau de mariage de Pauline

Victor Auguste Poulain quitta Paris en mai 1847 et chercha une maison au centre de Blois. Un fond de commerce était à louer au 68, Grande-Rue, près de l'ancien Carroir du Mal-Assis. Le jeune homme signa un bail de neuf ans et dès le 24 juin 1847 put se déclarer « confiseur à Blois ». La maison qu'il venait de louer se composait d'une boutique assez exiguë, prolongée par une grande salle ouvrant sur une cour par une porte vitrée à deux battants. Savait-il que cette maison, occupée depuis le Moyen Âge par une lignée d'horlogers, interrompue seulement par deux générations de pâtissiers-traiteurs, était la maison natale d'un autre enfant du pays, alors au faîte de sa gloire, Robert-Houdin[5] ? Sûrement. Aussi comment ne pas souligner l'heureux hasard qui vit naître dans les mêmes murs le père de la magie moderne et les premiers chocolats voués à la gourmandise ?

CI-DESSUS : portrait de Jean Eugène Robert-Houdin, vers 1860.
Le chocolatier blésois créa ses premiers chocolats dans la maison natale du prestidigitateur, rue Porte-Chartraine.

PAGES SUIVANTES : des objets personnels du père de la magie moderne (muscades, secrétaire à secrets) ainsi que les objets promotionnels (éventail et livret) qu'il distribuait en souvenir à ses spectateurs, voisinent avec une boîte de physique amusante, ancêtre de nos mallettes de magie.

Les débuts du jeune chocolatier furent très modestes. Dans la rue commerçante, on regardait avec curiosité ce jeune garçon inconnu qui embaumait tout le quartier d'effluves inédits, fabriquait la nuit, vendait le jour. Une jeune fille surtout venait le voir, Pauline Bagoulard qui, arrivée à Blois depuis seulement quatre mois, habitait quatre maisons plus loin chez ses cousins, les merciers Paret. Leur mariage fut célébré le 20 février 1848, à la veille de la révolution de Février. Victor Auguste avait vingt-trois ans et Pauline, dix-sept.

Le petit chocolatier avait enfin trouvé quelqu'un pour le soutenir dans sa passion et tenir sa boutique. La jeune mariée, reconnaissant son talent, l'encouragea tout de suite à produire un chocolat à son nom. Le jeune homme embaucha un homme de force, Jacques Jouanneau de Villiersfins, de six ans son aîné. À eux deux, ils se mirent à fabriquer le chocolat à la main, à l'aide d'un

CI-DESSOUS : Les premières étiquettes des chocolats Poulain (1848-1850). Par la suite, toute enveloppe de tablette fut appelée un « foulard ». Cet usage est propre à la chocolaterie Poulain.

CI-CONTRE : protège-cahier offert par la chocolaterie à la fin du XIXe siècle. L'Afrique était alors l'un de ses principaux fournisseurs.

simple équipement de fortune. Le matin, tirant une carriole à bras, Victor Auguste allait vendre à la criée, dans les rues de Blois, la production de la veille. Pauline le regardait partir depuis le seuil de la boutique, en lui souriant. Il était en train de lui faire le plus beau des cadeaux de mariage, en lançant le « Chocolat Poulain ».

Maragnan et caraque vanille

La concurrence était pourtant rude et il fallait avoir toute la détermination de Victor Auguste pour croire en sa bonne fortune. Dans la seule ville de Blois, cinq confiseurs et plusieurs gros épiciers fabriquaient déjà leur chocolat, auxquels s'ajoutaient les dépôts en ville des premiers fabricants industriels. Menier, Ibled, Louit, Perron, Cuillier, Masson, Saintoin (implanté à Orléans), la Compagnie coloniale et la Compagnie française des thés et des chocolats fleurissaient régulièrement de leurs publicités la dernière page du journal local.

Mais le chocolat ne se démocratisait que lentement et était encore largement considéré comme un produit de santé, voire comme un médicament. Les marques traditionnelles n'en proposaient que deux types et uniquement du chocolat à cuire : un chocolat noir à base de cacao et de sucre, appelé « chocolat de santé », et le même, adouci de vanille. En 1855, le Dr Lombard expliquait que cette

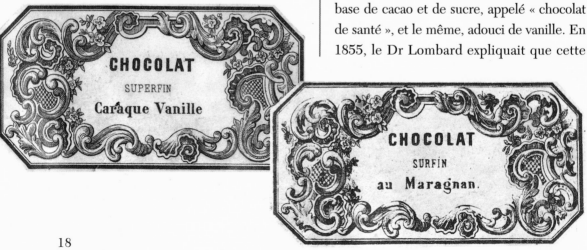

CHOCOLAT SUPERFIN Caraque Vanille

CHOCOLAT SURFIN au Maragnan.

Cette confiserie du début du siècle garde encore le charme des boutiques à l'ancienne, comme celle de Pauline qui présentait les chocolats de Victor Auguste sur des comptoirs en bois et des étagères en glace où s'alignait une profusion de bocaux pour satisfaire les papilles les plus curieuses...

boisson « hygiénique » était particulièrement recommandée aux enfants et aux personnes de « tempérament délicat », femmes et vieillards, ainsi qu'à toutes les personnes sédentaires, « gens de lettres » et « hommes de cabinet », qui devaient en faire leur « déjeuner ordinaire ». Aussi ne doit-on pas s'étonner de trouver, jusqu'à la fin du XIXe siècle, des chocolats aux vertus les plus diverses : chocolat purgatif à la magnésie du Dr Desbrières, chocolat digestif aux sels de Vichy d'Ibled, chocolat ferrugineux de Boutigny, chocolat analeptique au salep de Perse, chocolats pectoraux à l'osmazône[6]. À l'Exposition universelle d'Anvers, en 1885, étaient encore présentés des chocolats peptiques à la viande, du chocolat fortifiant au goudron et un chocolat à la poudre de bœuf frais.

La conception du chocolat par Victor Auguste était à mille lieues de cette utilisation simplement pragmatique. Jean-Antoine Menier lui-même, le plus important fabricant de l'époque, était à l'origine préparateur en pharmacie et avait débuté en concassant du chocolat pour le mêler à ses poudres médicinales. Jusqu'en 1867, son usine de Noisiel produira d'ailleurs encore trois fois plus de poudres médicamenteuses que de chocolat pur.

Notre breuvage des dieux était encore loin d'être considéré en France comme une gourmandise. Sa fabrication dispersée et incontrôlée suscitait également de nombreuses falsifications. On lui adjoignait communément de l'ardoise pilée, de la terre brune ou de l'ocre, quand ce n'était pas de l'avoine, des glands ou la coque de sa cabosse concassés. Mais Victor Auguste Poulain croyait aux vertus gustatives du chocolat et à l'alchimie d'un bon cacao et d'un sucre plus intimement mêlés. Il fit timidement son entrée dans la publicité par un modeste avis de neuf lignes, le 25 juin 1850, dans le *Journal de Loir-et-Cher* : il fut le premier et le seul à annoncer la provenance des fèves, preuve de sa compétence et de sa recherche immédiate de qualité. Ses prix étaient serrés, et le petit chocolatier de Blois ne trompait pas sa clientèle, il utilisait le mélange de fèves qui fut considéré comme le meilleur tout au long du siècle : un tiers de caraque pour deux tiers de maragnan. C'était encore, en 1885, la formule que préconisait Favre dans son *Dictionnaire universel de cuisine et d'hygiène alimentaire*[7] : « Maragnan : 1,5 kg; Caracas : 500 g; sucre : 1,5 kg; vanille : 3 gousses. »

Le jeune chocolatier croyait en un chocolat « sain et loyal », accessible au plus grand nombre et s'efforça tout au long de sa vie de respecter cet idéal. Grâce à Pauline, qui vendit une des deux maisons qu'elle avait apportées en dot, il put acquérir la toute nouvelle machine Hermann destinée à broyer le chocolat, adaptée d'un ancien procédé de broyage des couleurs. Victor Auguste put ainsi s'éloigner petit à petit des modèles traditionnels et développer de nouvelles créations. En 1852, il déposait un brevet pour une « préparation de chocolat » et déménageait quelques maisons plus haut, au 10, rue Porte-Chartraine, à l'angle de la rue du Lion-Ferré. Il voulait agrandir son atelier de fabrication pour l'équiper d'une nouvelle broyeuse à vapeur, dont il fit la demande d'installation au préfet le 16 mai 1853. Il n'attendit pas sa réponse et fit tout de suite peindre sur sa façade : *Poulain, breveté s.g.d.g., fabrique de chocolat perfectionné ; Entrepôt de vins fins et liqueurs ; Chocolat à la minute.*

Désormais, Victor Auguste Poulain fait barrer des actes officiels sa qualité de « confiseur » et affirme sa profession de foi, il est chocolatier.

Bouchées impériales

Il fallut deux ans à Victor Auguste Poulain pour obtenir l'accord du préfet. Sa patience enfin récompensée, il installa son nouvel atelier, et dès l'arrivée de la bruyante machine, les badauds se pressèrent pour la voir fonctionner derrière la vitre. Il était grand temps ! Un de ses concurrents blésois, la Maison Bouyer et Benoist, annonçait à grand renfort de publicité depuis le mois de février une toute nouvelle machine mécanique à broyer le cacao. La mécanisation était un argument puissant auprès de la clientèle, et l'on commençait à condamner, au nom de l'hygiène et du progrès, le pétrissage manuel, « si nuisible à la bonne qualité ».

Victor Auguste, qui comprit très vite cet enjeu, achetera désormais les machines les plus perfectionnées. L'héritage de Pauline fut vendu lot après lot, jusqu'au dernier. Depuis 1854, le chocolatier louait le deuxième étage de sa propre maison. Tout argent était nécessaire, et les Poulain faisaient feu de tout bois.

La famille s'agrandissait : Augustine naquit le 16 décembre 1849, Albert, le 6 février 1851

CHOCOLAT POULAIN
GOÛTEZ ET COMPAREZ — QUALITÉ SANS RIVALE

LA VAPEUR.

Chromo-réclame évoquant, par une allégorie,
les vertus du progrès.

et Eugénie, le 29 septembre 1855. L'entreprise aussi prenait son essor : un nouvel ouvrier était venu aider Victor Auguste et le « père Jacques », puis, avec l'arrivée de la machine à vapeur en 1855, deux nouveaux ouvriers furent embauchés : Alexandre Tellier, âgé de trente-huit ans, et un neveu de Victor Auguste, Jérôme Ouvray, âgé de dix-neuf ans. Le Chocolat Poulain remportait un franc succès, sans avoir recours à une publicité tapageuse mais seulement grâce aux bons échos du bouche à oreille. Mme Poulain en profita pour décorer petit à petit sa boutique.

Au 10, rue Porte-Chartraine, la surface était plus importante qu'au 68, Grande-Rue, et Pauline composa autour des chocolats de son mari une véritable bonbonnière. Sa boutique n'était pas d'un luxe ostentatoire, mais quelques objets bien choisis dénotaient un goût sûr. De la rue, deux grands vases chinois posés sur des socles sculptés en bois d'ébène en imposaient aux chalands. Un grand miroir entouré d'un cadre doré renvoyait l'image de deux longs comptoirs en chêne, sur lesquels s'alignaient une profusion de bocaux en verre, de toutes tailles et de toutes formes, garnis de boules chamarrées. L'éclairage au gaz était diffusé par des lampes en albâtre sculpté. Sur la caisse, deux bouquets de fleurs garnissaient des vases anglais, et le vert du tapis en damas sur la table des emballages instaurait une atmosphère de confiance. Le plafond s'ornait de fleurs de lys et des colonnes en stuc encadraient les hauts corps des étagères, qui logeaient dans leurs niches seize grandes boîtes en tôle vernie contenant les thés.

Car les Poulain vendaient thé, café, liqueurs, bonbons, gâteaux et chocolat : tout pour satisfaire les papilles curieuses des plus jeunes comme des plus âgés. Le choix des thés et des cafés était très honorable pour la ville : Orange Pekoe, Souchong, Impérial, thé vert Hisson ; cafés en provenance de Ceylan, de l'île Bourbon, de Java et de Saint-Domingue. À la pléthore de liqueurs fines, vermouth, vins de Madère et de Frontignan, Marie-Brizard, rhum, chartreuse et curaçao répondaient les sirops de groseille, de framboise et d'orgeat pour les plus jeunes. Des

bocaux en verre et des coupes en cristal res-
plendissaient de mille couleurs sucrées : pra-
lines roses et brunes, boules de gomme,
bonbons de grains de café, papillotes assor-
ties, croquignoles, « pastilles galantes »,
« bonbons-légumes superfins », pastilles de
menthe anglaise, pâte de guimauve, de juju-
be ou de réglisse, sucres d'orge, sucre de
pomme, pipes et œufs en sucre, épines-
vinettes [8], dragées au nougat ou au chocolat,
dragées numéro un, deux, trois et quatre,
perles d'argent et dragées d'Italie…

Une nouvelle demoiselle de magasin,
Estelle Bourdonneau, secondait Pauline.
Elle se glissait avec légèreté entre toutes ces
verreries délicates, soulevait les couvercles
avec précaution, saisissait les sucreries dési-
rées avec une « main » ou avec une pince en
cuivre argenté, pesait les bonbons sur l'une
des trois balances en cuivre et garnissait bon-
bonnières, boîtes cartonnées ou de char-
mants sacs dorés incrustés de dentelle,
pendant que la cliente se chauffait près de la
cheminée, assise sur une haute chaise d'ins-
piration gothique et sirotait un chocolat chaud

posé sur la dentelle d'un guéridon d'acajou…
Une fragrance veloutée s'insinuait dans l'air
de la boutique et dans les moindres replis du
tablier en dentelle de Pauline qui laissait dans
son sillage un souvenir chaud et sucré. Et
tandis que la machine à vapeur hoquetait
parfois, rappelant aux visiteurs le travail du
cacao qui s'effectuait tout à côté, les bonnes
de ces dames venaient chercher une course
oubliée : sucre en poudre ou en morceaux
cassés à la demande, tapioca et biscuits roses
de Reims. À Noël, Pauline et Estelle embal-
laient dans du papier de soie les précieuses
oranges tant convoitées par les enfants ou les
théières, cafetières, chocolatières, fontaines
à thé, pots à lait et sucriers en métal anglais
« provenant des deux meilleures fabriques
d'Angleterre », proposés à des « prix exceptionnels » [9].

Mais la maison était surtout connue pour
son chocolat. Trente-deux guéridons de verre
et plusieurs étagères en glace présentaient
ostensiblement, encadrées de sujets en chocolat moulé, les fabrications de Victor
Auguste : croquettes, bâtons de chocolat,

« Foulard » de thé Poulain vers 1880.

23

« Foulard » à médailles (1880-1890).

petits napolitains, cigares en chocolat, chocolat ferrugineux, chocolat sans sucre, ainsi que les créations typiquement Poulain : Chocolat des Indes, Petit Déjeuner Universel, tablettes enveloppe chamois et enveloppe orange, sans oublier les bouchées de Victor Auguste : Coquilles, Brésiliens, Solferino, Fondants, Chocolat pâte citron et sa toute dernière nouveauté, les Bouchées Impériales.

Ces dernières firent des jaloux dans le quartier. Un concurrent en copia la forme et les vendit moins cher à quelques rues de là. Très en colère, Victor Auguste répliqua par voie officielle, dans le journal local du 10 décembre 1857 :

« Avis aux consommateurs
Contrefaçon
La MAISON POULAIN, dont les chocolats ont acquis une si juste réputation, a récemment créé, sous le nom de *Bouchées Impériales*, un délicieux bonbon qui n'a pas tardé à exciter la concurrence d'un confiseur de Blois, qui, ne pouvant en égaler la qualité, s'est borné à en imiter la forme; aussi n'est-il pas surprenant qu'il puisse le livrer, en raison

de sa qualité inférieure, au-dessous du prix de 5 fr. le 1/2 kilo établi par la Maison Poulain, qui défie toute concurrence loyale de le livrer à meilleur marché, et qui engage instamment sa nombreuse clientèle à faire la comparaison des deux produits.

La MAISON POULAIN tient en réserve pour la fin de l'année un joli assortiment de *Bonbons nouveaux*, de son invention, que, pour éviter toute contrefaçon ultérieure, elle mettra en vente *huit jours seulement avant le Jour de l'An.* »

Non content de développer en France la notion de chocolat-gourmandise, Victor Auguste venait tout simplement, dans cette annonce, de poser les premiers jalons de la publicité comparative et de pratiquer une des techniques les plus modernes du marketing : la vente retardée.

Goûtez et comparez

Mais Victor Auguste Poulain voyait déjà plus loin. Alors que les marques nationales déjà installées proclamaient avec fierté « usine hydraulique », « usine modèle » ou « usine à vapeur », il sentit la nécessité de passer à la vitesse supérieure. N'ayant pas alors les moyens d'investir dans sa propre usine, il eut la brillante idée de louer, en attendant, la puissance motrice d'une fonderie blésoise, installée route-basse de Paris, au Sanitas. Cette usine traitait le fer, le cuivre et le bronze, mais aussi toutes constructions mécaniques et hydrauliques. Victor Auguste loua

Affiche anonyme, vers 1906.

une grange attenante et transporta là matières premières et ouvriers, tandis qu'il installait le pliage de ses tablettes dans l'arrière-boutique du magasin de détail, rue Porte-Chartraine.

Il augmenta ainsi sa production et put commencer à fabriquer pour d'autres épiciers-chocolatiers. Il voulait faire « bon et à bon marché » et propager auprès d'une clientèle toujours plus nombreuse les merveilleuses sensations que procure un bon chocolat. Mais, surtout, il pouvait désormais ajouter sur sa publicité la mention « usine au Sanitas », à partir du 20 décembre 1858, puis « usine à vapeur à Blois », à partir du 25 avril 1861, sans mentir mais sans avoir eu à investir dans une usine personnelle.

Ce fut une période de dur labeur pour toute la famille Poulain. Pauline tenait la boutique, puis, après la fermeture du magasin, s'occupait du pliage des tablettes, de la tenue des comptes et de l'expédition. Victor Auguste passait plusieurs nuits par semaine à surveiller la production du Sanitas. Beaucoup d'allées et venues étaient nécessaires à la fabrication des tablettes. Ces efforts furent bientôt récompensés : Victor Auguste obtint en 1858 sa première médaille d'or à l'Exposition industrielle de Blois, et la force motrice de la fonderie devint bientôt insuffisante devant le nombre croissant des commandes !

Le chocolatier ne rêvait plus que de sa propre usine… Mais pour l'instant, il instal-

lait sa réputation en créant en permanence de nouveaux chocolats et affûtait ses méthodes commerciales.

En décembre 1858, il organisa une loterie, formule alors très populaire auprès du public, et offrit une pendule à d'heureux gagnants. Deux ans après, il obtint une nouvelle médaille, à l'Exposition universelle de Besançon, pour sa « spécialité de bonbons et de chocolats », et créa à cette occasion un « choix des plus variés en bonbons nouveaux — dont l'exquise qualité dépasse tout ce qui a été fait en France jusqu'à ce jour ». Il ouvrit pour Noël 1860, au 14, rue Porte-Chartraine, un « magasin spécial d'oranges, de grenades, mandarines et autres fruits du Midi », en précisant que « la Maison Poulain tirant directement ses fruits d'Espagne et d'Afrique est en mesure d'offrir des qualités supérieures en même temps que des prix très avantageux ».

Le petit homme, admirateur de Napoléon, dont il avait un portrait dans son salon, partait à la conquête du pays et élaborait son plan de bataille. Dans son bureau, peu de livres : un Bottin de 1000 adresses, un diction-naire géographique et une carte de France. Il poursuivait ses compositions de chocolat, qu'il classait sous des codes mystérieux, AA, A, AO, C, D, E..., créant ainsi son propre alphabet gourmand.

En avril 1861, il affirmait dans le *Journal de Loir-et-Cher* : « Un des meilleurs chocolats, c'est le Chocolat Poulain. » Mais surtout il introduisait dans un pavé publicitaire la formule « Goûtez et comparez avec les meilleures fabriques de France » qui deviendra, à partir du 22 février 1863, le célèbre et percutant « Goûtez et comparez », avec lequel sa marque communiquera pendant plus de cent ans !

La volière de la Butte-des-Capucins

Entre-temps, Victor Auguste avait réussi à acheter, le 8 mars 1862, 8 ares de terrain près de la gare, à l'emplacement de l'ancien couvent des Capucins. C'était un des lieux de promenade préférés des Blésois. Cet ancien tumulus gaulois offrait un point de vue admirable sur la ville, la campagne environnante et les méandres de la Loire. « On y monte par des sentiers tournants, bordés de chaque côté jusqu'au sommet par des gazons toujours frais et des haies de nerpruns. Sur ses flancs sont plantés des arbustes de différentes espèces : le nerprun avec ses boutons d'argent, le cytise avec ses grappes d'or, le lilas, l'aubépine, l'églantier, etc., dont les fleurs répandent les plus doux parfums », raconte un bucolique promeneur.

Bientôt s'éleva sur la butte, non loin d'une chapelle de dévotion, une construction de modeste apparence : le premier atelier de dressage de la future usine Poulain, rapidement rejoint par une bâtisse de plus grande importance destinée à abriter de bruyantes machines : une machine à vapeur à balancier de la force de 14 ch., deux brûloirs à cacao, trois pileries mécaniques, six broyeuses à chocolat, deux mélangeurs Hermann, deux mélangeurs Debaptiste, trois moulins broyeurs Baurin, une boudineuse et quatre tapoteuses Debaptiste.

La fabrication du Chocolat Poulain quitta alors la fonderie du Sanitas et s'installa définitivement dans les locaux de la Butte-aux-Capucins. L'usine Poulain venait de naître : Victor Auguste la baptisa « usine de la Villette ».

Le chocolatier s'était fait plaisir et avait construit une usine aux champs. Un parc entourait les bâtiments, rythmé par plusieurs centaines de pots débordant de plantes et d'arbustes, équipé de cloches à melon, de bancs, de vases Médicis et de statues en terre cuite, et surtout d'un poulailler et d'une volière. Tourterelles et colombes blanches, petites perdrix grises et faisans dorés s'y ébrouaient, non loin des premiers battements sourds des pilons et des broyeuses portés vers la ville par les panaches blancs qui s'échappaient des cheminées.

Victor Auguste Poulain venait de réaliser son rêve. Du haut de la butte, ce n'était plus le jeune enfant qui s'envolait mais les effluves de son chocolat. Désormais, pendant plus de cent ans, avant chaque ondée, l'odeur révélatrice envahira les rues de la cité blésoise.

Malheureusement un drame vint endeuiller cette ascension exceptionnelle. Pauline, qui avait participé avec tant d'abnégation et d'ardeur à la passion de son mari, n'eut pas le temps de voir leur rêve commun se réaliser. Elle mourut le 3 juillet 1864 des suites d'une foudroyante maladie.

L'usine de la Villette en 1872.

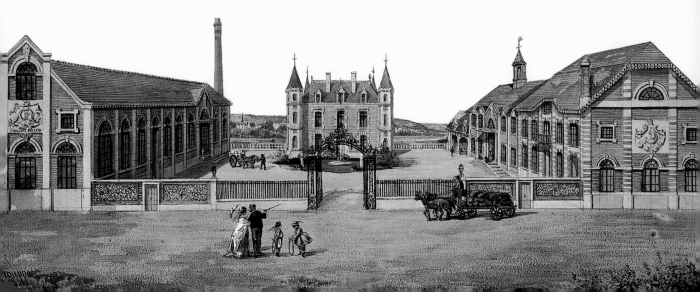

Le château de la Villette, demeure de Victor Auguste Poulain,
construit en 1871 au cœur de la chocolaterie.

Le château de la Villette

Les campagnes des nouveaux produits étaient déjà lancées et la mort de Pauline ne pouvait les retarder : elle-même ne l'aurait pas souhaité. En décembre de la même année, commençait la première campagne publicitaire d'envergure du Chocolat Poulain. Conscient que le chocolat à croquer était encore largement perçu comme un chocolat à cuire et désirant ne pas faire l'amalgame avec ses bouchées, Victor Auguste conçut un chocolat spécialement destiné à cet usage et le nomma Déjeuner Universel. En 1864 toujours, il améliora sa recette et présenta officiellement à l'automne son Déjeuner des Mandarins. Ce chocolat, mélange de fèves en provenance du Brésil, des Indes, de la Perse, de la Cochinchine, de Puerto Cabello et du Mexique, était toujours présenté comme un « trésor de la santé », mais s'y mêlait déjà la notion de « déjeuner

savoureux » et de produit transformable, dont on pouvait faire « des crèmes pour entremets et pour soirées ».

Victor Auguste ajoutait : « Ce produit, bien qu'il soit de création toute récente, est déjà connu et apprécié dans une partie de la bonne société parisienne ». Il venait en effet d'ouvrir une boutique à Paris, tenue par une caissière et une demoiselle de magasin, au 27, rue Neuve-des-Petits-Champs, dans la rue même où François Pelletier, au début du siècle, avait installé la première fabrique mécanique à vapeur de chocolat devant laquelle le jeune commis épicier venait rêver.

En décembre 1866, Victor Auguste annonçait les noms de ses nouveaux chocolats dans les colonnes des journaux. Il semblait multiplier ses créations comme s'il s'agissait de compenser la perte d'un être aimé en faisant connaître aux autres le bonheur de la gourmandise. Une Bouchée Orientale vint compléter la Bouchée Impériale, et de nouveaux Bonbons Eugénie et Bouchées de Florida furent mis en vedette, « sans omettre non plus les délicieux pralinés, crèmes et autres bonbons en chocolat ».

L'usine s'agrandit la même année d'un deuxième dressage, et 1867 vit le chocolatier trembler d'orgueil à deux reprises : il conduit à l'autel sa fille aînée, Augustine, le 25 juin, et reçut le 1er juillet une nouvelle médaille, à l'Exposition universelle de Paris, devant une assemblée de 20 000 spectateurs et en présence de l'empereur et de l'impératrice.

La guerre de 1870 éclata alors qu'il venait d'accéder au statut de notable. Devenu

CI-DESSUS : à l'ouverture des sacs de fèves, des ouvriers alimentent le « dépierreur » pour séparer les impuretés lourdes du cacao.

CI-CONTRE : voitures à cheval prêtes à livrer les commandes de chocolat aux épiciers de la ville et de la région.

conseiller municipal, il assuma avec courage des responsabilités politiques à la tête de la ville, dont il fut le maire pendant quelques mois. Ses bravades provocatrices lui valurent même d'être emprisonné pour avoir tenu tête à l'ennemi. Après le conflit, il sera élu conseiller général du canton d'Herbault.

 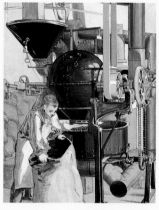  

Aquarelles originales d'une rare série de 20 sujets édités vers 1910 par la Société lyonnaise et décrivant les différentes étapes de la fabrication du chocolat à l'intérieur de la chocolaterie Poulain :

1	2	3	4		9	10	11	12
5	6	7	8		13	14	15	16

1. *Tri et nettoyage des fèves de cacao*
2. *Torréfaction*
3. *Presses à beurre de cacao*
4. *Moulins triples pour l'affinage de la pâte*
5. *Mélangeurs à galets*
6. *Broyeuses à cylindres*
7. *Mise en moules*
8. *Machine à glace*
9. *Confiserie*
10. *Bonbonnerie*
11. *Salle de Pliage*
12. *Atelier de cartonnage*
13. *Encollage des boîtes*
14. *Machine à estamper les chromos-réclames*
15. *Pose des chromos*
16. *Atelier d'expédition*

En 1871, Victor Auguste pouvait enfin asseoir sa notoriété en entamant la construction de son logis. Les plans en furent confiés à l'architecte Edmond-Gustave Poupard. Étaient-ce les souvenirs du château de son enfance, les Bordes, qui poursuivaient Victor Auguste ou l'influence que la ville royale exerça sur l'architecte ? Étaient-ce la revanche d'une ascension sociale ou le désir de rester toujours solidaire de son métier qui l'animaient ? Sa demeure patronale fut positionnée au centre des ateliers de fabrication, tel un château au milieu de ses communs, entre une cour d'honneur et un parterre à la française s'ouvrant sur la Loire. Une grille ouvragée en clôturait l'accès, et l'usine tout

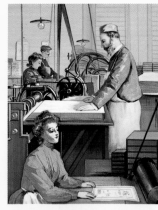

entière fut conçue dans l'exigence d'une demeure châtelaine. Sur la façade du dernier bâtiment de production, un médaillon sculpté arborait comme un fier drapeau les armes nouvelles du chocolatier : une voile battante, symbolisant la navigation sur la Loire, et une branche de cacaoyer. Comme dans toutes les usines de confiserie de l'époque, les sols, couverts de grands carreaux blancs rehaussés de cabochons noirs, étaient traités avec un soin particulier de propreté et d'élégance.

Après de longues années de labeur, le chocolatier était enfin arrivé à son but et il délivra une sorte de profession de foi au dos de son tarif de 1878 : « Pour livrer à la consommation, un chocolat véritable chocolat de santé, bon et à bon marché, la Maison Poulain n'a reculé devant aucun sacrifice. Vendre bon et bon marché, voilà le seul progrès de l'époque : quant à fabriquer de bons produits et les vendre très cher, où serait le mérite ? »

Victor Auguste s'installa dans ses nouveaux appartements en 1872, mais il pensait déjà à se retirer des affaires. En 1874, il se mit en société avec son fils Albert, qu'il avait pris soin d'envoyer au collège, lui qui n'avait jamais pu y accéder. En 1880, il lui abandonna définitivement les rênes, pour retrouver l'hiver le soleil dans une villa de Nice qu'il baptisa *Denis-Papin* en l'honneur d'un autre enfant du pays, auquel il devait tant : l'inventeur du moteur à vapeur.

La folie des chromos

Albert Poulain avait toutes les qualités pour succéder à son père, il était intelligent et fougueux, et durant les treize années où il fut seul à la tête de l'entreprise, celle-ci connut un essor mémorable. Il avait appris auprès de Victor Auguste l'importance des créations sans cesse renouvelées, de l'idée qui fait mouche. Tableaux cartonnés gommés, tableaux en tôle et affiches, largement distribués à partir des années 1860 dans toutes les épiceries, avaient assis la réputation de la maison dans toute la France. En 1865, par exemple, selon ses inventaires, Victor Auguste gardait en stock 16 000 notices, 96 000 prospectus, plusieurs centaines d'affichettes, quelques milliers de tableaux publicitaires, ainsi que 15 000 « prospectus intérieurs », probablement destinés à être glissés dans les tablettes. Dans sa

boutique, il distribuait aux enfants des « rébus devises » et des jeux de dominos.

En 1866, il accolait déjà des images à ses bâtons en chocolat, mais probablement sans rajout publicitaire. Ce ne fut que l'année suivante, en 1867, qu'Aristide Boucicaut eut le premier l'idée de distribuer sur un petit carton du format d'une carte de visite un calendrier illustré d'une image chromolithographiée portant la raison commerciale de son magasin. Fort de son succès, le propriétaire du *Bon Marché* diffusa six nouveaux calendriers lors du second semestre en changeant à chaque fois la scène représentée, puis institua petit à petit la distribution chaque jeudi d'une image différente. Le succès fut immédiat, mais profita essentiellement aux grands magasins de Paris. Ce n'est vraiment qu'à partir de l'Exposition universelle de 1878 et des nouveaux procédés techniques de chromolithographie que le « chromo-réclame » devint en France, et pour près de trente ans, le support privilégié de toute communication commerciale.

En 1879, Victor Auguste offrit des petites vignettes « à nom Poulain » dans son Déjeuner Universel, mais c'est Albert qui véritablement inaugura et propagea le chromo-réclame dans les tablettes de chocolat, dans certaines variétés à partir de 1881, puis dans toutes à partir de mars 1882[10]. Il ne fut pas le premier (les Chocolats Louit et Guérin-Boutron avaient commencé dès 1879), mais il en devint le principal propagateur .

Avec la chicorée et le chocolat, ces petites images lithographiées entrèrent dans toutes les maisons de France et connurent un

engouement sans précédent. Destinées ori-
ginellement à l'adulte comme souvenir et
supports d'événements particuliers de la vie
d'une marque — soldes, déménagement,
changements de prix, nouveautés, etc. —,
elles attirèrent immédiatement les enfants.
Leurs scènes récréatives décrivaient les ten-
tations, les méfaits et les aventures de petits
personnages drôles et naïfs, dont on pouvait
suivre l'histoire si l'on reconstituait une série
complète. On peut dire que le chromo est,
sans conteste, avec l'image d'Épinal, l'ancêtre
de la bande dessinée.

Le principe de l'intrigue était, en effet,
un des moteurs particuliers de leur succès et
suscitait la collection. Le chocolat était un

*CI-DESSUS : plusieurs séries tardives
éditées à des fins « instructives », vers
1906-1909.*

*CI-CONTRE ET PAGE PRÉCÉDENTE :
personnages de la série dite « Les
Incroyables », éditée en 1885 dans un
format rectangulaire très étroit pour
épouser la forme des barres de
chocolat appelées « Déjeuner
à la crème », format exclusif
au Chocolat Poulain.*

*PAGES SUIVANTES :
en haut, personnages du
« cirque blésois », série
de 1892 ;
en bas, images à système
ou « clowns articulés »,
de 1891.*

33

CHOCOLAT POULAIN
Goutez et comparez !!
Qualité sans rivale.

Chocolat POULAIN
Goutez et comparez !!
Qualité sans rivale.

CHOCOLAT POULAIN Chocolat Poulain
Goutez et comparez
Qualité sans rivale Qualité

CHOCOLAT POULAIN
Goutez
et
comparez
Qualité
sans Rivale.

Chocolat Poulain
Goutez et comparez Qualité sans Rivale

Chocolat Poulain
Goutez et comparez Qualité sans Rivale

formidable outil de distribution. Les enfants voulaient du chocolat parce qu'ils aimaient ça, mais aussi pour connaître la suite de l'histoire. Les mamans elles-mêmes les classaient méthodiquement dans des albums. Le chromo imprégna ainsi l'imaginaire collectif de plusieurs générations, et son influence sur l'art fut reconnue par quelques grands artistes comme Seurat, par exemple.

Ces images plates, estampées, en relief, voire vernies, étaient le résultat d'une technique minutieuse. Plusieurs passages du papier sur la pierre, colorée de façon différente à chaque fois, étaient nécessaires. Les plus anciennes, des années 1870-1880, à fond puis à cadre doré, sont les plus précieuses, mais la période 1890-1900 vit le sommet de leur finesse artistique avec l'apparition des « chromos-satins », déclinai-

son favorite du Chocolat Poulain, qui fit insérer par des mains habiles de vrais morceaux de tissus aux couleurs vives et chatoyantes dans les contours découpés des vêtements des personnages.

De 1881 à 1912, Poulain diffusa près de 20 000 sujets différents, cartes, « découpis », chromos religieux, dentelles et chromos à systèmes confondus, dont le catalogue n'existe pas faute d'un inventaire exhaustif qui n'a encore pu être établi. En comparaison, le *Bon Marché* n'en diffusa que 178… En 1900, la chocolaterie Poulain produisit 350 000 chromos par jour et distribua donc près de 130 millions d'images par an…

Par le biais des chromos, Albert touchait tous les foyers et il put conquérir ainsi un nouveau public, celui des enfants. Comment expliquer un tel engouement pour ce mode

« *Découpi* » *de la série des œufs de Pâques, distribuée à partir de 1896.*

publicitaire de la part de la chocolaterie blésoise ? Le fils s'était-il souvenu des talents artistiques de son père, qui peignait à ses heures perdues ? Était-il particulièrement touché par cet art populaire ? Toujours est-il qu'il créa, fait unique dans l'histoire d'une chocolaterie industrielle, une imprimerie intégrée à l'usine, qui employait à elle seule 70 personnes[11].

Les dessinateurs, la plupart anonymes malgré quelques grands noms, tels Steinlen ou Benjamin Rabier, développèrent au fil des séries une esthétique qu'il reste encore à étudier. On pourrait y retrouver aussi bien l'influence des enlumineurs médiévaux que des clins d'œil aux grands maîtres classiques voire des touches impressionnistes. Le comique de certaines scènes et leur décalage volontaire témoignent même d'une surprenante liberté. Quant à leur intérêt culturel et sociologique, il est indéniable. Le Chocolat Poulain, outre le goût, formait ainsi l'éveil artistique de ses jeunes consommateurs.

Mme Plumasse et M. Gèletoujours de la série des Incroyables.

Les jouets d'Albert

Parallèlement au développement de la diffusion des images chromolithographiées, Albert Poulain cherchait une nouvelle idée pour promouvoir son nouveau déjeuner haut de gamme, le Déjeuner à la crème. Les « petits objets en ivoire pour surprise » que son père distribuait rue Porte-Chartraine dès 1864, et qui sont parvenus jusqu'à nous sous la forme de petits couteaux à beurre à manche d'ivoire portant la mention « Chocolat Poulain », l'inspirèrent peut-être.

Le 1er février 1884, il écrivait à ses représentants :

« Monsieur,

Vous savez que je suis l'inventeur du déjeuner à la Crème Vanille avec chromo. Or, par suite de la grande vogue de cet article, la concurrence s'en est emparée en essayant de l'imiter sous toutes ses formes.

Le déjeuner à la Crème Vanille Poulain est sans contredit inimitable au point de vue de la qualité. Son parfum est unique.

Quoique cela et pour déjouer la concurrence, j'ai cherché un nouvel article dont je tiens à faire profiter ma clientèle. À force de recherches, j'ai pu créer le déjeuner à la Crème Vanille avec Jouets en métal. Cet article est appelé à un succès colossal. Une installation spéciale dans l'une de mes usines me permet de fabriquer ce jouet à un prix relativement bas, qu'on ne saurait retrouver dans le domaine habituel des fabricants de jouets d'enfants. C'est pourquoi je puis offrir hardiment ce nouveau déjeuner sans crainte de concurrence possible.

Tous les mois dix sujets nouveaux sortiront. »

Albert Poulain, en digne successeur de son père, venait d'inventer les premiers cadeaux-réclames. Les jouets ne furent malheureusement distribués que pendant une année car leur coût de production s'avéra trop lourd. L'année suivante, Albert les remplaça par de nouveaux chromos de forme étroite et allongée nommés « Les Incroyables », dont il déposa le brevet. Il leur substitua, quelque temps plus tard, un livret de contes intitulé *L'Oreille de Lucifer*, puis relança en 1892 le jouet en métal ou en bois avec un nouveau produit, appelé « Surprises Nouvelles », qui intégrait dans une même enveloppe le jouet, un bâton de chocolat à la crème et des dessins drolatiques, et qui restera un produit de la Maison Poulain jusqu'au début du siècle.

L'entreprise prospérait mais avait besoin de capitaux neufs pour entreprendre une nouvelle extension. Albert changea le statut de la chocolaterie en société anonyme et ouvrit son capital à de nouveaux actionnaires en 1893. Tenté par de nouvelles aventures, il en laissa la présidence à l'autre principal actionnaire, M. Renard. Il n'allait pas pour autant rester inactif : déjà en 1889, il avait fondé les Grands Moulins de Blois et en 1895, il fit instituer par décret la Chambre de commerce de Loir-et-Cher ; nostalgique de la boutique de son enfance, il créa en 1898 une « manufacture de biscuits de luxe » sous la marque A. Poulain, qui devint en 1912 la biscuiterie Albert Poulain et fils, et il encouragea vivement M. Dupleix à créer une banque locale, qui devint, en 1909, la Banque régionale de l'Ouest.

Victor Auguste, qui suivait régulièrement les progrès de la chocolaterie, se réjouissait de la réputation grandissante de la marque qu'il avait créée. Non, décidément, il n'avait pas à rougir de son fils.

Et l'homme devint
un petit cheval

À l'instar des mousquetaires d'Alexandre Dumas, les nouveaux associés désormais à la tête de la chocolaterie Poulain étaient au nombre de trois. Paul Renard était issu d'une famille d'industriels du textile de la région orléanaise et, comme son cousin, Georges Bénard, ingénieur agronome qui rentrait d'un séjour en Russie où il venait de faire un stage dans l'industrie sucrière, il avait vingt-cinq ans et de l'énergie à revendre. Georges Doliveux était, quant à lui, ancien commissaire de la Marine.

Victor Auguste avait avec eux les meilleures relations du monde et revenait habiter ponctuellement chaque été dans son château, au milieu de son usine. Il allait le matin dire bonjour aux plus vieux ouvriers qu'il connaissait, les bras dans le dos, son mythique calot de soie noire sur la tête, puis se rendait à pied, accompagné de ses petites-filles, dans ses vignes des Grouëts ou peignait de ravissantes huiles sur toile, qui auraient pu figurer parmi les scènes de certains chromos, tout en grignotant allègrement les dernières créations de ses successeurs. Il pouvait voir avec joie la Maison Poulain prospérer : les successeurs de son fils allaient en quelques années relancer la navigation sur la Loire et proposer un nouveau produit qui bouleverserait bientôt la consommation de chocolat des Français.

Le chocolat était encore principalement consommé comme chocolat chaud, et la Maison Poulain était toujours intéressée à

Affiche de Guillaume, vers 1905-1906.

perfectionner le principe du « déjeuner ». Le Hollandais Coenraad J. Van Houten, qui avait déposé en 1828 un brevet de « chocolat en poudre », avait inventé une presse pour extraire le beurre de cacao afin d'obtenir un chocolat plus sec, facile à faire fondre, dont on commença à voir la publicité en France vers 1860. Mais ce « pur cacao de la société hollandaise » destiné à « remplacer le chocolat dans l'usage alimentaire » restait l'apanage de l'industrie chocolatière hollandaise, et aucun fabricant français ne s'était encore penché sur sa fabrication. À la fin du siècle, minute, soluble instantanément dans tout liquide bouillant », ainsi que du « cacao en poudre » nature et du « cacao en poudre glucosé ». Mais l'accent ne fut véritablement mis sur ce nouveau produit qu'à partir de 1903 avec le Nectar Cacao, poudre compactée présentée sous forme de « briquette », et prit véritablement son essor avec le Pulvérisé Poulain Orange lancé en juin 1908. Le succès fut colossal, et Poulain, devançant ses concurrents, prit la première place sur ce marché dès 1910.

Les nouveaux dirigeants de l'usine, préoccupés par l'acheminement des matières premières jusqu'à Blois, eurent l'idée, pour concurrencer les Chemins de fer d'Orléans, de relancer la navigation sur la Loire, l'un d'entre-eux, Georges Bénard, étant paraît-il fort nostalgique du spectacle majestueux que les bateaux offraient autrefois. Victor Auguste lui-même n'avait-il pas fait sculpter sur ses bâtiments les voiles de ces fiers bateaux ?

La construction d'un bateau à vapeur, à fond plat, long de 40 mètres et large de 5,50 mètres, fut alors entreprise à Nantes. Le voyage d'inauguration eut lieu le 27 août 1898 en période de basses eaux. Il fallut un jour et demi au navire pour atteindre les berges blésoises. Il venait de parcourir 200 kilomètres en 36 heures, et, avec 4 tonnes de charge, il n'enfonçait que de 28 centimètres. En 1899, le *Fram* assurait déjà une liaison régulière avec Nantes et remorquait un chaland chargé de 70 tonnes de fret.

Les Blésois étaient enthousiastes et suivaient à bicyclette jusqu'à Chaumont ses cheminements poussifs au milieu des bancs

CI-DESSUS : *Voyage d'inauguration, en 1898, du* Fram, *bateau à vapeur à fond plat construit pour naviguer sur la Loire et transporter de Nantes à Blois les matières premières nécessaires à la fabrication du chocolat.*

CI-CONTRE : *Livre d'or du concours d'écriture organisé par la chocolaterie Poulain en 1904 et journal local annonçant l'événement. Au premier plan, « découpi » Poulain.*

on consommait toujours le cacao en feuilles inventé par Victor Auguste Poulain en 1865.

En 1894, les nouveaux dirigeants de la chocolaterie achetèrent au Dr Pieper, chimiste de Rotterdam, un « nouveau brevet consistant à faire du cacao soluble, en poudre ou en bâtons, garanti pur, sans traces de potasse ou autres produits » pour la somme de 2 000 francs. Au tarif de 1896, apparut un « chocolat granulé naturel » pour « déjeuners à la

CI-DESSUS : *affiche de San Marco, 1909.*

CI-CONTRE : *affiche historique de Leonetto Cappiello, en 1911,
réalisée à partir d'une peinture originale conçue dès 1905 et
instituant le petit cheval comme symbole de la marque.*

de sable. Mais la Compagnie des chemins de fer orléanaise, qui ne voyait pas ces prouesses fluviales d'un bon œil , concéda bientôt des prix plus alléchants, et le *Fram* fut vendu. Toutefois, pendant la Première Guerre mondiale, on refit appel à ses services pour assurer l'acheminement des matières premières depuis Nantes.

Victor Auguste était heureux de tout cela, mais, gourmand invétéré, il se souciait surtout de l'envoi des colis de chocolats que l'usine lui adressait régulièrement. Bientôt, ses dirigeants voulurent rendre hommage à leur fondateur et firent ériger dans la cour d'honneur un buste en bronze à son effigie. Il fut inauguré en sa présence le 13 août 1904, jour également d'une remise des prix solennelle très attendue puisqu'elle récompensait un grand concours national d'écriture organisé par la chocolaterie.

Le petit homme gagnait la postérité et son nom devenait un nom commun. En 1905, le dessinateur Cappiello fut sollicité pour réaliser une nouvelle affiche pour la marque. L'artiste, qui aimait particulièrement peindre les chevaux, proposa un petit cheval orange, jeune et taquin, se détachant avec des traits nets et tranchés sur un fond pour moitié vert, pour moitié bleu dur, avec dans le coin droit de l'image une petite fille en robe rouge. Bien que les deux personnages soient croqués de dos, une atmosphère joyeuse se dégageait du tableau. Cappiello venait d'inventer le petit poulain qui serait désormais le symbole de la marque pendant le XXᵉ siècle.

Victor Auguste était devenu une icône.

CHOCOLAT POULAIN
PAPIER ORANGE
EXTRA VANILLÉ
GOÛTEZ & COMPAREZ

Les cinémas Poulain

Le Chocolat Poulain n'avait que soixante ans mais n'était encore qu'à l'aube de son histoire. Une nouvelle grande aventure l'attendait à la veille de 1914.

Les cartes postales publicitaires avaient peu à peu remplacé les images chromolithographiées, passées de mode. Et comme Georges Méliès devenait metteur en scène, après avoir été illusionniste, et projetait ses premiers films dans le propre théâtre de Robert-Houdin, dont il était le directeur depuis le 1er juillet 1888, la chocolaterie Poulain allait bientôt passer également des images fixes aux images animées.

Georges Doliveux se présenta le matin du 14 mai 1907 devant les membres du conseil d'administration et leur soumit l'idée d'une « publicité spéciale à faire sur la place de Marseille, consistant dans l'exploitation d'un cinématographe-théâtre ». Le projet consistait, en fait, à distribuer dans les tablettes de Chocolat Poulain Orange vendues dans la région de Marseille un « billet de faveur donnant droit à une entrée à moitié prix du plein tarif » dans l'une des salles de spectacle de la ville, qu'il s'agissait de transformer en salle de cinématographe.

« Après avoir entendu toutes les explications et en avoir longuement délibéré, le conseil est d'avis d'accepter la proposition telle qu'elle est présentée et de prendre sur le budget de publicité les dépenses qui en résulteraient. » Quinze jours après, le cinéma était installé et ouvrait ses portes le 1er juin 1907. Le succès fut immédiat et au-delà de toute espérance. En janvier 1908, la municipalité fut obligée de le faire fermer « par suite de l'encombrement dans la rue, la salle étant trop petite pour contenir l'affluence des spectateurs ». Qu'à cela ne tienne, on chercherait un local plus grand !

L'idée était audacieuse car le cinéma n'en était qu'à ses balbutiements. Les projections n'avaient encore lieu, pour la plupart, que sur des draps tendus sur la place des villages à l'occasion d'une foire, ou dans des salles des fêtes, cafés ou lieux d'accueil aléatoires, et toujours de façon exceptionnelle. Le rapprochement du cinéma et du théâtre amena la société Pathé à ouvrir un circuit de distribution d'une vingtaine de salles, avec lequel Poulain passa un accord en novembre 1909, parallèlement à la création de son propre circuit.

Le succès de Marseille avait entraîné une réaction immédiate de la part des administrateurs de la chocolaterie. On réorganisa les bureaux pour que M. Doliveux, assisté bientôt par M. Bras, puisse faire le tour de France des salles de concert ou de spectacle déjà établies afin d'y installer au plus vite des salles de projections cinématographiques.

CI-*DESSUS : façade du cinéma Poulain, l'American cosmograph, dit le* Cosmo, *à Alexandrie, vers 1910.*

Lille, Bordeaux, Nantes, Limoges, Reims, Lyon, Saint-Étienne, Rennes, Paris, Grenoble, Troyes, Clermont-Ferrand, La Rochelle, Poitiers, Besançon, Saint-Brieuc, Fougères, Vannes virent fleurir au fil des mois des « cinémas Poulain », ainsi nommés par le public, auxquels vinrent bientôt s'ajouter des salles à l'étranger, en Turquie, au Maghreb et en Égypte.

Avant l'été 1914, le Chocolat Poulain put ainsi offrir des billets de faveur dans 110

VIVRES DE RESERVE

CHOGOLAT 250 Gr.

N'OUVRIR QUE

SUR ORDRE

salles de cinéma. Par ce biais, la chocolaterie acquit un formidable moyen d'étendre le renom de sa marque, mais aussi de gagner cette popularité, ce lien affectif qui la liera désormais aux Français. Il n'est donc pas abusif d'affirmer qu'avec Pathé et Gaumont, le Chocolat Poulain est à l'origine de l'implantation des salles de cinéma en France.

Mais la guerre intervint et avec elle son lot inéluctable de difficultés et d'horreurs. Le conflit allait bientôt prendre fin quand survint à Blois un terrible accident. « Dimanche soir, vers dix heures et demie, dans le grand silence de la nuit paisible, retentit éperdument la sirène de la chocolaterie Poulain », raconte un chroniqueur de *La République de Loir-et-Cher*, le 8 juillet 1918. Un incendie s'était propagé à partir du deuxième étage et avait ravagé toute l'usine de Beauséjour[12]. Huit jours après le début du sinistre, il brûlait encore, alimenté par les 38 000 kilos de beurre de cacao stockés dans ses caves.

Ci-contre : boîte en fer-blanc contenant du chocolat distribué comme « vivre de réserve » à tout soldat dès l'automne 1914, à l'instigation du général Joffre qui avait constaté « le bon effet de cet aliment [14] » sur le moral des troupes allemandes. La chocolaterie blésoise ne pouvant faire face seule à la demande de l'Intendance des armées, elle fut relayée par d'autres marques nationales. Certains soldats portèrent cette boîte sur eux pendant toute la durée de la guerre et ne l'ouvrirent parfois que plusieurs dizaines d'années plus tard, comme en témoignent des cartes postales reçues à l'usine en 1942 et 1951. Les chocolateries peuvent être, aujourd'hui encore, réquisitionnées en cas de guerre.

Victor Auguste malheureusement présent à Blois à ce moment là, assista, impuissant, à l'incendie de son usine. Il était âgé de quatre-vingt-treize ans : le choc fut terrible. Il mourut quelques jours plus tard, le 30 juillet 1918.

La chocolaterie renaîtra très vite de ses cendres et pulvérisera tous les records de vente en 1919. En 1923, Jean Biseau écrira à propos de la publicité dans les cinémas : « Elle utilise encore ce moyen, mais il y eut un moment où elle tenait en main une organisation si importante qu'elle aurait pu centraliser tous les cinémas du pays, et s'en servir comme d'une arme très forte contre tout concurrent.[13] » L'histoire en a décidé autrement et la chocolaterie Poulain connaîtra encore de nombreux succès populaires, le Noir Extra en 1937, l'aventure du Tour de France, les albums de chansons, la gamme 1848…

Aujourd'hui, Chocolat Poulain est la seule marque de chocolat industriel à pouvoir s'enorgueillir de cent cinquante ans d'existence. Les ailes chocolatées de Victor Auguste planent encore sur la ville de Blois depuis Villebarou, mais son esprit surtout n'a cessé d'inspirer ses dirigeants au fil des ans. Car l'impulsion d'un homme, d'un seul, aura été à l'origine de toute cette formidable aventure, un petit homme gourmand qui s'appelait Victor Auguste et croyait tout simplement à la magie du chocolat !

LES RECETTES MAGIQUES
AU CHOCOLAT

Comme le grand Robert-Houdin, Victor Auguste Poulain était, à sa manière, un magicien, le magicien du chocolat. En mêlant progressivement à ses ganaches de chocolat noir, pâtes d'oranges et de citrons et autres épices, le petit chocolatier blésois renouvela la conception même du chocolat en transformant ce qui n'était alors qu'un produit de santé en sublime friandise… Ses préparations raffinées permirent ainsi au plus grand nombre de découvrir la magie du chocolat.

Quel meilleur hommage pouvait-on donc lui rendre que de composer des recettes savoureuses et ludiques, jouant avec toutes les couleurs du chocolat pour magnifier les subtiles combinaisons que peuvent faire naître le chocolat noir, le chocolat blanc et le chocolat au lait ?

Comme lui, explorons à notre tour les secrets de notre insatiable curiosité, de notre éternelle gourmandise…

Afin de devenir à votre tour des magiciens du chocolat, nous vous livrons quelques conseils judicieux pour mieux réussir vos recettes.

Comment faire fondre du chocolat ?

La meilleure solution reste la suivante : brisez ou hachez le plus finement possible, à l'aide d'un couteau, tablette ou carrés. Placez ces brisures dans une casserole posée dans un bain-marie déjà chaud.
La température ainsi obtenue pour la fonte du chocolat doit se situer entre 40 et 50°. Évitez de faire fondre le chocolat à sec ou directement dans de l'eau, même si vous n'en mettez qu'un peu ; l'assimilation du beurre de cacao ne pourrait plus s'effectuer correctement : le chocolat se bloquerait et deviendrait granuleux.

Comment faire des copeaux ?

Hachez finement puis faites fondre le chocolat au bain-marie. Afin de pouvoir correctement le travailler, maintenez-le à une température comprise entre 28° et 30°. À l'aide d'une spatule, étalez-le sur un marbre de pâtisserie. Une fois refroidi, raclez le chocolat en minces copeaux à l'aide d'une lame de couteau ou d'un triangle de peintre.

Comment réaliser une ganache ?

Une ganache se compose généralement d'un poids égal de chocolat et de crème fraîche. Hachez finement le chocolat à l'aide d'un couteau et faites-le fondre dans une casserole posée dans un bain-marie déjà chaud (température 40° à 50°). Faites bouillir séparément la crème fraîche et versez-la en mince filet sur le chocolat fondu tout en remuant avec une cuillère en bois. Suivant le goût de chacun ou l'utilisation de la ganache, on peut aussi ajouter du beurre ramolli ou augmenter la quantité de crème fraîche.

Les alliances magiques

Les Aztèques offraient aux dieux un breuvage cacaoté non sucré et fortement pimenté. Employé salé avant d'être sucré, le cacao se marie naturellement avec les épices qui sont aussi de sa famille : vanille, noix muscade, clou de girofle, fenouil doux, etc. En Europe, le chocolat de la première moitié du xxe siècle était d'ailleurs communément adouci de cannelle alors qu'aujourd'hui la vanille est prédominante. On peut également parfumer le chocolat en fonction des ingrédients avec lesquels on l'associe. Dans un gâteau au chocolat où l'on introduit des fruits frais, laisser infuser une ou deux rondelles de gingembre frais dans le chocolat fondu fera ressortir une note plus acidulée, plus fraîche. Avec des fruits secs, rajouter au chocolat fondu quelques gouttes de café développera l'harmonie avec amandes, noix ou noisettes.

DESSERTS DU DIMANCHE

Clémentines givrées au chocolat et au miel

INGRÉDIENTS

Pour 6 personnes
- *12 belles clémentines*
- *300 g de sucre en poudre*

POUR LE GLAÇAGE
- *2 œufs*
- *180 g de sucre glace*

POUR LE SORBET AU CHOCOLAT
- *50 cl d'eau*
- *200 g de chocolat noir à pâtisser*
- *100 g de poudre de cacao*
- *100 g de miel*

Les clémentines givrées

☞ Lavez les clémentines, puis, avec une aiguille à tricoter, transpercez-les de part en part. Placez-les dans une casserole emplie d'eau et portez à ébullition pendant 1 mn. Égouttez-les délicatement, puis, dans la même casserole, ajoutez le sucre et de l'eau à hauteur des fruits. Laissez frémir pendant 1 h puis refroidir à même la casserole avant de les ranger sur une assiette.

Roulez chaque clémentine dans du sucre semoule et placez-les toutes pendant 2 h au freezer.

Dès qu'elles sont bien prises, découpez leur sommet, évidez la pulpe avec une petite cuillère en faisant attention de ne pas déchirer l'écorce. Replacez-les ensuite au freezer. Passez la pulpe au tamis et réservez pour le sorbet.

Le sorbet au chocolat

☞ Faites bouillir l'eau additionnée de miel. Hors du feu, ajoutez la poudre de cacao et le chocolat cassé en morceaux. Remuez pour obtenir un sirop bien lisse.

Ajoutez la pulpe des clémentines. Emplissez votre sorbetière et turbinez. Votre sorbet doit être assez ferme.

Sortez vos clémentines givrées du freezer et garnissez chacune de sorbet au chocolat. Aussitôt fini, remettez vos clémentines au froid.

Finition

☞ Montez 2 blancs d'œufs en neige très ferme. Sucrez avec le sucre glace. Ajoutez-leur les 2 jaunes et, à l'aide d'une poche à douille cannelée, formez de belles rosaces blanches sur le sommet de vos clémentines.

Juste avant de servir, allumez le gril du four. Posez vos clémentines sur la plaque de four où vous aurez disposé un lit de sucre afin qu'elles ne puissent pas rouler. Saupoudrez-les de sucre glace et faites-les dorer quelques secondes sous le gril. Servez-les aussitôt.

Soupe de chocolat gratinée à la menthe

★

INGRÉDIENTS

Pour 6 personnes

- *1 litre de lait*
- *200 g de chocolat noir à 76 % de cacao*
- *4 jaunes d'œufs*
- *4 blancs d'œufs*
- *100 g de sucre en poudre*
- *50 g de poudre de cacao*
- *1 bouquet de menthe fraîche*
- *sucre glace*

 Portez le lait à ébullition. Hachez finement le chocolat noir à l'aide d'un couteau et faites-le fondre dans le lait hors du feu.

Montez les jaunes d'œufs en sabayon à l'aide d'un fouet jusqu'à obtention d'une mousse onctueuse. Versez dessus le lait chocolaté.

Fouettez les blancs en neige très ferme. Incorporez le sucre très délicatement. Partagez-les en deux parts égales. Conservez une moitié nature et ajoutez le cacao en poudre dans l'autre moitié.

Allumez votre four en position gril. Ciselez les plus grosses feuilles de menthe et conservez les plus petites pour la décoration. Versez votre soupe de chocolat dans des écuelles ou des petits plats creux. Parsemez avec la menthe ciselée.

Couvrez la surface de chaque écuelle de petits macarons de blancs d'œufs, en alternant blancs nature et blancs cacaotés et saupoudrez légèrement la surface de sucre glace.

Passez vos écuelles quelques minutes sous le gril afin d'obtenir une légère coloration.

Décorez des petites feuilles de menthe juste avant de servir.

Mousse au chocolat, café et nougatine

La nougatine

☞ Dans une casserole, mettez le sucre à cuire à sec. Remuez-le avec une spatule. Lorsqu'il atteint une belle couleur blonde, versez votre miel. Ajoutez tous les fruits secs et débarrassez votre mélange sur une plaque huilée. Laissez refroidir complètement la nougatine avant de la concasser en petits éclats.

La mousse au chocolat

☞ Faites fondre le chocolat au café au bain-marie (voir p. 52). Cassez vos deux chocolats noirs et faites-les fondre de la même manière en les mélangeant. Ajoutez-leur le beurre ramolli et les jaunes d'œufs.

Fouettez vos blancs en neige très ferme et ajoutez le sucre. Incorporez-les petit à petit et délicatement à votre mélange de chocolat. Introduisez précautionneusement la crème fraîche fouettée.

Dressage

☞ Garnissez votre jatte de mousse au chocolat en alternant des couches de nougatine concassée, des filets de chocolat au café fondu et votre mousse chocolatée. Parsemez de café soluble et conservez au frais quelques heures avant de déguster.

INGRÉDIENTS

Pour 6 personnes

POUR LA MOUSSE AU CHOCOLAT

- *200 g de chocolat Noir Extra*
- *100 g de chocolat noir à 76 % de cacao*
- *200 g de crème fleurette*
- *50 g de beurre*
- *2 jaunes d'œufs*
- *8 blancs d'œufs*
- *80 g de sucre en poudre*
- *50 g de chocolat noir au café*
- *1 cuillerée à soupe de café soluble*

POUR LA NOUGATINE

- *150 g de sucre en poudre*
- *50 g de miel*
- *30 g d'amandes effilées*
- *20 g de pistaches*
- *30 g de pignons*
- *30 g de noisettes*

Tarte chocolat au lait à l'orange

INGRÉDIENTS

Pour 6 personnes

**POUR LA PÂTE À TARTE
AU CHOCOLAT**

- *125 g de beurre*
- *30 g de sucre glace*
- *100 g de poudre
  d'amandes*
- *150 g de farine*
- *50 g de poudre de cacao*
- *1 œuf*
- *sucre glace*
- *1 pincée de sel fin*

**POUR LA GANACHE DE
CHOCOLAT AU LAIT**

- *180 g de chocolat au lait*
- *40 cl de crème fleurette*
- *20 cl de lait*
- *1 œuf*
- *4 jaunes d'œufs*
- *1 tuyau de cannelle*
- *1 gousse de vanille*

**POUR LES ORANGES
CONFITES**

- *2 belles oranges*
- *300 g de sucre en poudre*

POUR LES COPEAUX

50 g de chocolat au lait

La pâte à tarte au chocolat

☞ Mélangez le beurre avec le sucre, le sel et la poudre de cacao. Ajoutez l'œuf et battez. Incorporez la farine mêlée à la poudre d'amandes. Mélangez bien. Laissez reposer le pâton 1 h à 2 h.

Les oranges confites

☞ Découpez les oranges en tranches régulières de 5 mm d'épaisseur. Rangez-les dans une casserole et couvrez-les d'eau froide.

Portez à ébullition pendant 2 mn, puis égouttez délicatement. Couvrez-les à nouveau d'eau et ajoutez le sucre. Faites cuire à feu doux, à couvert, pendant environ 2 h, jusqu'à ce que les tranches d'orange deviennent translucides. Laissez-les refroidir dans leur sirop. Égouttez-les sur une assiette et découpez chaque tranche en quatre.

Le fond de tarte

☞ Préchauffez le four à 170° (th. 6). Foncez votre moule avec la pâte à tarte et laissez-la reposer à température ambiante pendant 30 mn. Enfournez-la pendant 5 à 7 mn pour une précuisson. Laissez ensuite refroidir et garnissez le fond de quartiers d'oranges confites. Réservez 4 belles tranches pour la décoration.

La ganache de chocolat au lait

☞ Faites bouillir la crème et le lait dans lesquels vous ferez infuser la vanille et la cannelle. Ajoutez le chocolat au lait cassé en morceaux. Faites-le fondre hors du feu sans réchauffer votre crème, puis versez sur l'œuf et les jaunes battus. Mélangez.

Finition

☞ Saupoudrez les bords de votre tarte de sucre glace. Versez alors votre ganache en remplissant votre fond de tarte aux trois quarts. Décorez des quartiers d'oranges confites réservés et de copeaux de chocolat au lait disposés comme des éventails.

Crème Chantilly
de chocolat blanc aux fraises

Les coupes

Préchauffez le four à 180° (th. 6). Mélangez le sucre glace et le beurre fondu. Ajoutez la farine et, en même temps, les blancs d'œufs légèrement fouettés.

Sur votre plaque de four beurrée, étalez la moitié de l'appareil à l'aide d'une spatule en formant 3 disques plats de 12 à 15 cm de diamètre. Enfournez-les pendant 5 mn. Surveillez leur coloration afin qu'ils ne brunissent pas trop. Sortez-les du four et placez-les encore chauds dans un bol afin de leur donner la forme d'une coupe. Laissez-les refroidir. Renouvelez l'opération une seconde fois.

La glace et la crème Chantilly au chocolat blanc

Faites bouillir le lait et laissez-le réduire de moitié. Ajoutez la vanille puis le chocolat blanc. Quand le mélange est bien fondu et bien homogène, faites-le tourner dans votre sorbetière et réservez votre glace au freezer.

Nettoyez vos fraises. Lustrez-les de gelée avec un pinceau. Portez le lait à ébullition. Ajoutez hors du feu 100 g de chocolat blanc et faites-le fondre. Lorsque le mélange est refroidi, fouettez aux trois quarts de son volume votre crème fraîche, ajoutez-la au lait chocolaté et finissez de fouetter jusqu'à consistance d'une crème Chantilly.

Finition

Faites fondre les 50 g de chocolat blanc restant au bain-marie (voir p. 52). Étalez-le sur une surface lisse et propre à l'aide d'une spatule. Dès que le chocolat refroidit, raclez avec la même spatule des copeaux de chocolat blanc. Réservez-les.

Au moment de servir, garnissez vos coupes de crème Chantilly. Ajoutez une belle cuillerée de glace au chocolat blanc en son centre. Entourez-la des fraises lustrées et parsemez de copeaux de chocolat blanc.

INGRÉDIENTS

Pour 6 personnes

POUR LA GLACE AU CHOCOLAT BLANC
- *1 litre de lait*
- *100 g de chocolat blanc*
- *1 gousse de vanille*

POUR LA CRÈME CHANTILLY
- *25 cl de crème double*
- *25 cl de lait entier*
- *150 g de chocolat blanc*
- *500 g de fraises maras-des-bois*
- *de la gelée de fraise*

POUR LES COUPES
- *125 g de sucre glace*
- *125 g de farine*
- *100 g de beurre*
- *2 blancs d'œufs*

Îles flottantes au chocolat
à la noix de coco

★

INGRÉDIENTS

Pour 6 personnes

POUR LA CRÈME ANGLAISE

- *1 litre de lait*
- *200 g de sucre en poudre*
- *10 jaunes d'œufs*
- *1 gousse de vanille*

POUR LES ŒUFS À LA NEIGE

- *10 blancs d'œufs*
- *150 g de sucre en poudre*
- *100 g de noix de coco*
- *50 cl de lait*
- *50 cl d'eau*
- *50 g de sucre en poudre*

POUR LA DÉCORATION

- *100 g de chocolat blanc*
- *150 g de chocolat noir à pâtisser*

La crème anglaise

 Fouettez les jaunes d'œufs avec le sucre. Versez dessus le lait que vous aurez fait bouillir avec la vanille. Maintenez sur le feu sans laisser bouillir en remuant sans arrêt jusqu'à ce que la crème nappe la cuillère en bois. Réservez au frigo.

Les œufs en neige

Dans une large casserole, faites bouillir ensemble l'eau, le lait, le sucre, baisser le feu et maintenez un léger frémissement. Montez les blancs en neige très ferme et incorporez le sucre vers la fin. À l'aide d'une cuillère à soupe, moulez des quenelles de blancs en neige et déposez-les délicatement sur le liquide de cuisson. Laissez-les cuire quelques minutes, retournez-les, terminez la cuisson puis égouttez-les.

Saupoudrez vos îles flottantes de poudre de noix de coco. Rangez-les sur votre crème anglaise et arrosez-les de chocolat blanc fondu (voir p. 52).

Décoration

Confectionnez de petits palmiers au chocolat en faisant couler du chocolat noir fondu sur une feuille d'aluminium. Mettez-les au frais pour les faire durcir avant de les décoller. Plantez vos petits palmiers en chocolat sur vos îles flottantes.

Soufflé chaud au chocolat à la fleur d'oranger

★

La crème pâtissière

 Fouettez les jaunes d'œufs avec le sucre. Versez sur cet appareil bien mousseux la Maïzena puis le lait bouilli. Reportez le tout dans la casserole et attendez la prochaine ébullition en fouettant régulièrement jusqu'à ce que votre crème épaississe.

Ajoutez le chocolat noir cassé en morceaux. Intégrez-le jusqu'à ce que votre crème soit uniformément brune. Ajoutez en dernier l'eau de fleur d'oranger.

Le soufflé

 Préchauffez le four à 200° (th. 7). Montez les blancs en neige très ferme. Saupoudrez de 2 cuillerées de sucre.

Incorporez-les à votre crème pâtissière au chocolat, d'abord au fouet, puis avec une spatule afin de ne pas les écraser. Beurrez vos moules à soufflé. Saupoudrez leur surface intérieure de sucre puis de poudre de cacao (en réserver pour la décoration). Garnissez-les aux trois quarts de votre préparation.

Enfournez-les pendant 10 à 12 mn. Ne les laissez pas trop longtemps cuire afin d'obtenir des bords légèrement biscuités et un intérieur crémeux.

À la sortie du four, saupoudrez-les de sucre glace et de poudre de cacao. Servez sans attendre.

INGRÉDIENTS

Pour 6 personnes

POUR LA CRÈME PÂTISSIÈRE

- *40 cl de lait*
- *6 jaunes d'œufs*
- *80 g de sucre en poudre*
- *60 g de Maïzena*
- *200 g de chocolat noir à pâtisser*
- *10 cl d'eau de fleur d'oranger*

POUR LE SOUFFLÉ

- *6 blancs d'œufs*
- *50 g de sucre en poudre*
- *20 g de beurre*
- *20 g de sucre glace*
- *20 g de poudre de cacao*

CHOCOLAT POULAIN
GOUTEZ ET COMPAREZ
QUALITÉ SAN

Parfait glacé au chocolat

★

INGRÉDIENTS

Pour 6 personnes

POUR LA MERINGUE DACQUOISE

- *4 blancs d'œufs*
- *125 g de sucre en poudre*
- *100 g de poudre de noisettes*
- *50 g de noisettes hachées*
- *25 g de farine tamisée*
- *50 g de poudre de cacao*

POUR LE PARFAIT AU CHOCOLAT

- *10 cl d'eau*
- *150 g de sucre en poudre*
- *8 jaunes d'œufs*
- *150 g de chocolat noir à pâtisser*
- *20 cl de crème fleurette*

POUR LA SAUCE AU CHOCOLAT

- *100 g de chocolat noir à pâtisser*
- *20 cl de lait*

POUR LA CRÈME CHANTILLY

- *10 cl de crème fraîche*
- *25 g de sucre glace*

La meringue dacquoise

 Préchauffez le four à 140° (th. 5). Montez les blancs en neige très ferme. Ajoutez en pluie fine la poudre de noisettes, les noisettes hachées, le cacao et la farine tamisée mêlés. Mélangez à la spatule en veillant à ne pas écraser les blancs. Sucrez.

Sur une plaque recouverte d'un papier sulfurisé beurré et fariné, étalez votre meringue sur 1 cm d'épaisseur. Enfournez pendant 15 mn. Surveillez la cuisson car la meringue dacquoise ne doit pas être trop sèche. Au sortir du four, laissez-la refroidir sur le papier.

Le parfait au chocolat

Faites cuire le sucre et l'eau jusqu'à obtention d'un sucre cuit dit « au filet », c'est-à-dire qu'une cuillère plongée dans le sucre cuit doit ressortir en laissant s'écouler un fil fragile (température de cuisson 105°). Versez ce sucre cuit sur les jaunes d'œufs préalablement fouettés en mousse au bain-marie. Ajoutez ensuite le chocolat noir fondu (voir p. 52). Le mélange doit rester mousseux et onctueux. Dès qu'il est partiellement refroidi, ajoutez la crème après l'avoir fouettée et terminez en mélangeant délicatement.

Beurrez un moule à cake. Versez à mi-hauteur votre parfait au chocolat. Couvrez d'une couche de meringue dacquoise coupée préalablement aux dimensions de votre moule. Recouvrez avec le reste du parfait. Tapotez votre moule afin d'évacuer les bulles d'air qui auraient pu s'y glisser. Conservez-le 12 h au freezer.

Démoulage et finition

Trempez votre moule pendant 5 s dans l'eau chaude et retournez-le aussitôt sur un plat à cake refroidi.

Saupoudrez votre parfait au chocolat de poudre de cacao. Décorez-le de belles rosaces de crème Chantilly. Accompagnez-le d'une saucière de chocolat noir fondu à peine tiède, obtenu en faisant fondre 100 g de chocolat noir dans du lait bouilli.

À L'HEURE
DU GOÛTER

Brioche au chocolat noir
à la confiture de lait

★

INGRÉDIENTS

Pour 6 personnes

POUR LA BRIOCHE

- *250 g de beurre*
- *300 g de farine*
- *20 g de sucre en poudre*
- *5 g de sel*
- *10 cl de lait*
- *10 g de levure de boulanger*
- *3 œufs + 1 œuf pour la dorure*

POUR LA GANACHE

- *150 g de chocolat noir à pâtisser*
- *150 g de crème fleurette*
- *50 g de beurre*

POUR LA CONFITURE DE LAIT

- *1,5 litre de lait*
- *150 g de sucre en poudre*

La brioche

 Dans le bol de votre mélangeur-batteur, travaillez la farine, le sucre, le sel avec la levure délayée dans le lait. Ajoutez ensuite les 3 œufs, un à un.

Introduisez le beurre ramolli, en plusieurs fois pour ne pas briser l'élasticité de votre pâte. Mélangez la pâte pendant une dizaine de minutes jusqu'à ce qu'elle se décolle naturellement du bol.

Couvrez-la d'un linge et conservez-la à température ambiante jusqu'à ce qu'elle double de volume.

Vous devez alors la « rabattre », c'est-à-dire pincer les bords du pâton, les étirer et les rabattre vers l'intérieur. Oubliez votre pâte pendant encore 30 à 45 mn afin de laisser repartir une pousse.

Préchauffez le four à 180° (th. 6).

Pour façonner la brioche, séparez votre pâte en deux. Pesez un premier pâton de 600 g. Ne le farinez pas trop et donnez-lui la forme d'une boule régulière. Opérez de la même façon avec le petit morceau de pâton restant.

Beurrez votre moule à brioche cannelé. Placez-y le corps de la brioche puis, dessus, la tête, bien centrée. Battez le dernier œuf et dorez soigneusement votre brioche à l'aide d'un pinceau.

Laissez votre brioche pousser une seconde fois dans son moule : elle doit à nouveau doubler de volume. Dorez-la également au jaune d'œuf avant de l'enfourner pendant 25 à 30 mn. Démoulez et laissez refroidir sur une grille.

La ganache au chocolat noir

 Cassez finement le chocolat dans un bol et versez par-dessus la crème bouillie. Tout en remuant, ajoutez le beurre et mélangez jusqu'à ce que votre ganache soit bien homogène (voir p. 52).

Découpez adroitement la tête de la brioche. Évidez un peu de son cœur à l'aide d'un petit couteau. Garnissez l'espace ainsi libéré avec la ganache refroidie mais encore moelleuse et presque liquide. Replacez la tête de la brioche.

La confiture de lait

☞ Dans une casserole, faites réduire le lait et le sucre à feu très doux jusqu'à ce qu'il ne reste plus qu'un demi-litre de liquide. Passez au chinois et servez votre confiture de lait encore tiède avec votre brioche au chocolat.

Aquarelles originales de la série de chromos : « Les aventures de monsieur Teuf-teuf », vers 1910, véritable bande dessinée moderne.

Pain d'épices au chocolat

Le pain d'épices au chocolat

Préchauffez le four à 150° (th. 5).

Dans un grand bol, faites fondre le chocolat noir au bain-marie (voir p. 52) et mélangez-le avec le miel tiédi. Ajoutez l'orange confite hachée et les épices.

Mélangez doucement la farine tamisée et la levure. Introduisez les blancs montés en neige en même temps que le sucre.

Beurrez un moule rectangulaire. Versez-y votre pâte à pain d'épices et faites cuire au four pendant 40 mn.

Finition

Faites fondre le chocolat dans la crème bouillie. Ajoutez un sirop réalisé avec le sucre fondu dans l'eau.

Nappez votre pain d'épices de ce chocolat. Décorez le sommet du gâteau avec les fruits secs.

INGRÉDIENTS

Pour 6 personnes

POUR LE PAIN D'ÉPICES

- *200 g de chocolat noir à pâtisser*
- *250 g de miel*
- *250 g de farine*
- *100 g d'orange confite*
- *2 g de poudre de clous de girofle*
- *2 g de poudre de cannelle*
- *2 g de poudre d'anis*
- *2 g de poudre de fenouil*
- *20 g de poudre de gingembre*
- *5 g de levure chimique*
- *100 g de sucre en grains*
- *4 blancs d'œufs*

POUR LE NAPPAGE

- *100 g de chocolat noir à pâtisser*
- *75 g de crème fleurette*
- *50 g de sucre en poudre*
- *7 cl d'eau*

POUR LA DÉCORATION

- *20 g de pignons*
- *20 g de pistaches*
- *20 g de raisins secs*

Madeleines enrobées de chocolat

★

INGRÉDIENTS

Pour 6 personnes

POUR LES MADELEINES

- *125 g de beurre*
- *125 g de sucre en poudre*
- *150 g de farine*
- *5 g de levure chimique*
- *4 œufs*
- *1 citron*
- *1 orange*
- *1 cuillerée à soupe de lait*

POUR LE TREMPAGE AU CHOCOLAT

- *150 g de chocolat noir à pâtisser*
- *10 cl de crème fleurette*

Les madeleines

 Préchauffez le four à 180° (th. 6).

Travaillez au fouet votre beurre ramolli avec le sucre, les zestes de citron et d'orange râpés.

Incorporez un à un les œufs. Ajoutez la farine additionnée de levure. Mélangez bien et terminez avec le lait.

Beurrez au pinceau votre plaque ou vos moules à madeleines. Farinez les cavités et remplissez-les de pâte.

Enfournez pendant une dizaine de minutes : vos madeleines doivent être dorées sans plus.

Le trempage au chocolat

 Hachez au couteau votre chocolat et placez-le dans un bol. Versez par-dessus votre crème bouillie. Amalgamez délicatement au fouet.

Gardez votre chocolat tiède. Trempez la partie moulée de chaque madeleine dedans puis égouttez-les avant de les ranger sur une grille. Lorsqu'elles seront complètement refroidies, vous pourrez disposer vos madeleines chocolatées sur un plat.

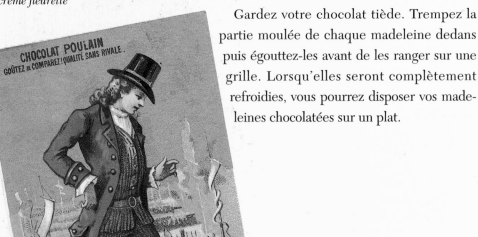

CHOCOLAT POULAIN
GOÛTEZ & COMPAREZ! QUALITÉ SANS RIVALE.

H. 622.

L'Empereur eut la fantaisie de passer une revue de toutes ses troupes et de les faire défiler entre les jambes de Gulliver.

Esquimaux glacés au chocolat

La glace au chocolat

☛ Dans un bol, faites mousser les jaunes d'œufs avec le sucre. Sans cesser de remuer, versez le lait bouilli. Reportez le tout dans la casserole et remuez avec une cuillère en bois. Contrôlez le temps de cuisson en traçant du bout du doigt un sillon sur votre cuillère nappée de crème : celle-ci ne doit plus couler.

Ajoutez alors hors du feu le cacao et le chocolat fragmenté. Remuez pour dissoudre le tout.

Dans votre sorbetière, versez la crème anglaise chocolatée et laissez prendre jusqu'à obtention d'une consistance très ferme. Moulez ensuite cette glace dans les moules à Esquimaux ou dans une terrine : vous pourrez trancher la glace avec une lame de couteau trempée dans de l'eau chaude.

Placez votre moulage au congélateur pendant 12 h. Que vous utilisiez des moules ou une terrine, enfoncez les bâtons dans la glace avant qu'elle soit complètement prise.

L'enrobage au chocolat

☛ Faites fondre votre chocolat au bain-marie (voir p. 52). Versez-le dans un verre-mesure.

Si vous utilisez des moules, trempez chaque esquimau dans le verre, puis suspendez-le à l'aide d'une pince à linge à un fil que vous maintiendrez tendu en travers de votre congélateur.

Si vous utilisez une terrine, démoulez votre glace en la plongeant quelques instants dans de l'eau chaude. Découpez de larges tranches à l'aide d'une lame de couteau passée également sous l'eau chaude. Recoupez chaque tranche en deux. Trempez vos Esquimaux dans l'enrobage de chocolat en procédant comme ci-dessus.

INGRÉDIENTS

Pour 6 personnes

POUR LA GLACE AU CHOCOLAT

- *50 cl de lait*
- *8 jaunes d'œufs*
- *100 g de sucre en poudre*
- *100 g de chocolat Noir Extra*
- *3 cuillerées à soupe de poudre de cacao*

POUR L'ENROBAGE

- *400 g de chocolat noir à pâtisser*

Quatre-quarts citron aux larmes de chocolat

★

Pour 6 personnes

POUR LE QUATRE-QUARTS

- *225 g de beurre*
- *200 g de sucre en poudre*
- *4 œufs*
- *5 g de cannelle en poudre*
- *1 sachet de sucre vanillé*
- *250 g de farine*
- *25 cl de lait*
- *5 g de levure chimique*

POUR LES LARMES DE CHOCOLAT

- *100 g de chocolat noir à pâtisser*

POUR LES CITRONS

- *2 citrons*
- *200 g de sucre en poudre*

POUR LE GLAÇAGE

- *100 g de sucre glace*
- *100 g de poudre de cacao*

Les larmes de chocolat

 Faites fondre votre chocolat dans un bain-marie (voir p. 52). Dès qu'il est fluide et encore à peine tiède, déposez du bout d'une petite cuillère des gouttes de chocolat sur une feuille de papier-film alimentaire tendu sur une plaque. Laissez durcir quelques minutes dans le réfrigérateur puis décollez les gouttes et récupérez-les dans un bol.

Les citrons confits

Taillez au couteau les citrons en fines tranches régulières. Rangez les tranches dans une casserole. Couvrez d'eau et portez à ébullition pendant 1 mn. Égouttez les tranches et jetez l'eau.

Dans la même casserole, disposez à nouveau vos tranches de citrons. Recouvrez-les d'un demi-litre d'eau additionnée du sucre. Laissez confire doucement à couvert jusqu'à ce que vos tranches de citron soient devenues translucides.

Après refroidissement, égouttez-les, en prenant soin de conserver le sirop. Réservez les 6 plus jolies tranches sur une assiette et hachez le reste finement.

Le quatre-quarts

Préchauffez le four à 170° (th. 6).

Mélangez dans un bol le beurre ramolli, le sucre et le citron haché, le sucre vanillé et la cannelle.

Ajoutez les œufs et fouettez jusqu'à ce que le mélange soit bien lisse. Incorporez la farine tamisée et la levure. Ajoutez ensuite le lait froid et, en dernier, les larmes de chocolat.

Garnissez de cette pâte votre moule à quatre-quarts, grassement beurré et fariné. Mettez à cuire pendant 50 mn. Évitez d'ouvrir la porte du four pendant la première moitié de la cuisson.

Démoulez votre gâteau. Réservez-le sur une grille et attendez son complet refroidissement avant de le glacer.

Le glaçage

Chauffez un instant 5 cl du sirop mis de côté des citrons confits. Ajoutez-lui le sucre glace et la poudre de cacao. Nappez votre gâteau refroidi de ce glaçage. Décorez le sommet des tranches de citrons confits et patientez encore 1 à 2 h avant de déguster.

Éclairs aux trois chocolats

INGRÉDIENTS

Pour 6 personnes

POUR LA PÂTE À CHOUX

- *1/4 de litre d'eau*
- *1 pincée de sel*
- *100 g de beurre*
- *150 g de farine tamisée*
- *5 œufs*

POUR LA CRÈME PÂTISSIÈRE

- *3/4 de litre de lait*
- *8 jaunes d'œufs*
- *100 g de sucre en poudre*
- *40 g de Maïzena*
- *50 g de chocolat Noir Extra*
- *50 g de chocolat au lait*
- *50 g de chocolat blanc*

POUR LES GLAÇAGES

- *150 g de chocolat Noir Extra*
- *150 g de chocolat au lait*
- *150 g de chocolat blanc*
- *30 cl de crème fleurette*
- *20 g de sucre en poudre*
- *15 cl de lait bouilli*

La pâte à choux

☞ Préchauffez le four à 180° (th. 6).

Dans une casserole, portez à ébullition l'eau, le beurre et le sel. Hors du feu, ajoutez la farine en mélangeant vivement à la spatule. Ajoutez 4 œufs deux par deux.

Garnissez de cette pâte à choux une poche à douille unie et dressez des éclairs de 8 cm de long sur une plaque à peine beurrée. Dorez-les au pinceau avec le dernier œuf battu.

Enfournez pendant 15 mn. Évitez d'ouvrir la porte du four pendant la cuisson.

La crème pâtissière

☞ Battez le sucre et les jaunes d'œufs jusqu'à ce que votre mélange blanchisse. Ajoutez alors la Maïzena, puis versez doucement le lait bouilli tout en remuant.

Reversez le tout dans la casserole et fouettez jusqu'à ébullition. Partagez votre crème pâtissière dans 3 bols. Faites fondre chacun de vos chocolats dans le bol de crème encore chaud.

Garnissez vos éclairs, soit en les fendant en deux avec un couteau-scie, soit en les perçant de deux trous en dessous et en les remplissant de crème à l'aide d'une poche à douille.
Séparez bien chaque série d'éclairs.

Les glaçages

☞ Faites fondre le chocolat noir dans 15 cl de crème fleurette bouillie. Ajoutez 5 cl d'eau et 10 g de sucre.

Faites fondre au bain-marie le chocolat au lait dans 15 cl de crème fleurette. Ajoutez 5 cl de lait bouilli et 10 g de sucre.

Faites fondre au bain-marie le chocolat blanc dans 10 cl de lait. Laissez partiellement refroidir avant de tremper le sommet de chaque éclair dans le glaçage qui lui correspond.

Disposez les éclairs sur un plat et dégustez.

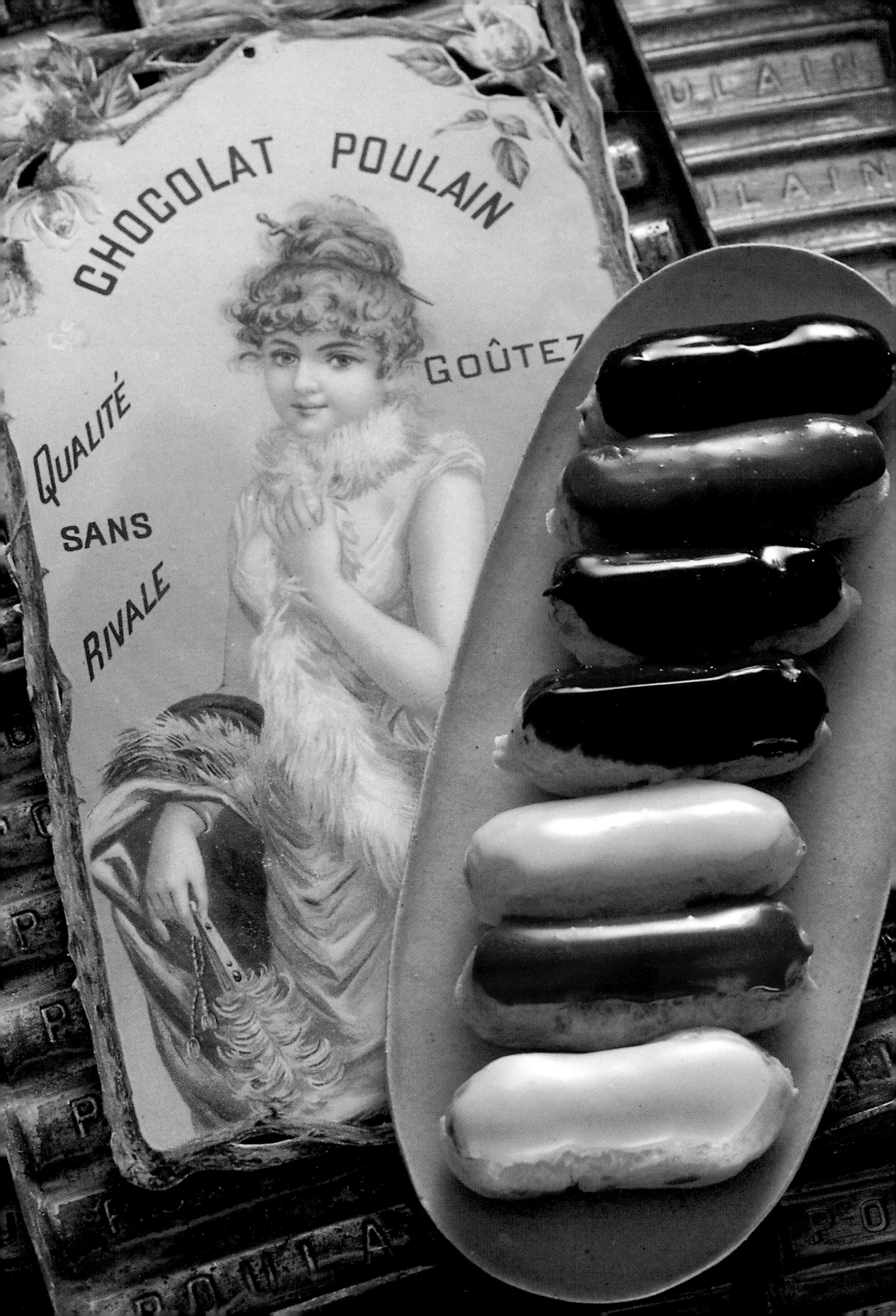
CHOCOLAT POULAIN
GOÛTEZ
QUALITÉ
SANS
RIVALE

Friands au chocolat

★

INGRÉDIENTS

Pour 6 personnes
- *1 tablette de chocolat noir à pâtisser (200 g)*
- *1 tablette de Pralinoise (200 g)*
- *1 œuf*

POUR LA PÂTE FEUILLETÉE
- *500 g de farine*
- *25 cl d'eau*
- *10 g de sel*
- *450 g de beurre*

La pâte feuilletée

 Mélangez la farine, l'eau et le sel de façon homogène sans rendre votre pâte trop élastique. Enveloppez votre pâton dans un papier-film et conservez-le 2 h au frais.

Maintenez le beurre et la pâte à la même température.
Étirez votre pâte en rond et placez le beurre en son centre. Rabattez les côtés, allongez le pâton au rouleau sur 60 cm de longueur, repliez-le en trois. Tournez votre pâton sur place d'un quart de tour et allongez-le à nouveau au rouleau. Repliez-le à nouveau en trois. Laissez reposer 1 h au frais.

Recommencez la même opération deux fois et remettez le pâton au frais pendant 1 h avant de donner un cinquième tour.
Étirez alors la pâte, partagez votre pâton en deux et continuez à étendre chaque moitié. L'épaisseur désirée est de 3 mm.

Les friands

Préchauffez le four à 180° (th. 6).

Détaillez dans la pâte de petits rectangles de 10 cm sur 6 cm. Positionnez sur chacun un carré de chocolat et rabattez votre pâte en portefeuille. Ainsi, la moitié de vos friands seront au chocolat praliné et l'autre moitié au chocolat noir.

Dorez-les au pinceau avec l'œuf entier battu. Disposez-les sur une plaque et laissez-les reposer 20 mn avant de les enfourner pendant 15 mn.

Si vous ne désirez pas cuire vos friands le jour même, vous pouvez facilement conserver cette pâte au freezer.

Goûter sablé au chocolat praliné

★

La pâte sablée

 Dans un saladier, mélangez la farine et la poudre d'amandes. Ajoutez ensuite le beurre en pommade, le sel et la levure. Liez ce mélange avec les jaunes d'œufs et travaillez le tout. Mettez votre pâton en boule et conservez-le au frigo pendant 30 mn.

Préchauffez le four à 170° (th. 6).

Étalez votre pâte sur une épaisseur de 5 mm. Découpez des rectangles de 6 cm sur 4 cm. Quadrillez-les de la pointe d'une fourchette et dorez-les à l'œuf. Cuisez-les sur une plaque légèrement graissée pendant 12 mn.

Au sortir du four, afin de ne pas effriter la pâte sablée très friable, laissez vos gâteaux refroidir sur la plaque.

Le chocolat praliné

 Dans le four encore chaud, faites ramollir ensemble dans une petite casserole votre chocolat Pralinoise et les Blocs gourmands aux noisettes. Passez le tout dans le cutter de votre robot ménager avant d'ajouter le beurre.

À l'aide d'une poche à douille unie, garnissez de crème un sablé sur deux. Recouvrez d'un autre sablé, sans trop appuyer.

Vous pouvez conserver ces goûters au praliné 3 ou 4 jours dans un endroit sec et tempéré.

INGRÉDIENTS

Pour 6 personnes

POUR LA PÂTE SABLÉE

- *150 g de farine*
- *100 g de poudre d'amandes*
- *120 g de beurre*
- *2 jaunes d'œufs*
- *1 œuf*
- *1 pincée de sel*
- *5 g de levure chimique*

POUR LA CRÈME PRALINÉE

- *150 g de Pralinoise*
- *150 g de Blocs gourmands lait et praliné aux noisettes*
- *50 g de beurre*

Riz au lait au chocolat blanc et au caramel

★

INGRÉDIENTS

Pour 6 personnes

POUR LE RIZ AU LAIT

- *250 g de riz rond*
- *1 litre de lait*
- *3 œufs*
- *250 g de chocolat blanc*
- *1 gousse de vanille*

POUR LE CARAMEL

- *125 g de sucre en poudre*
- *10 cl de crème fleurette*
- *1 orange*

Le riz au lait

 Faites bouillir le riz dans de l'eau, égouttez-le puis mettez-le à cuire à feu doux dans le lait vanillé pendant 20 mn. Il faut que votre riz devienne très gonflé.

Préchauffez le four à 170° (th. 6).

Hors du feu, ajoutez 200 g de chocolat blanc cassé en morceaux et mélangez-le au riz. La chaleur va le faire fondre. Incorporez les œufs entiers battus.

Versez votre riz au lait dans un moule beurré et enfournez-le, posé dans un bain-marie, pendant 30 mn.

Le caramel

Dans une casserole, mettez le sucre avec autant d'eau. Quand votre sucre a atteint une jolie couleur dorée, versez-y votre crème fleurette et le jus de l'orange.

Finition

Démoulez votre gâteau de riz sur un plat de service. Arrosez-le du caramel parfumé à l'orange. Grattez avec la pointe d'un couteau le chocolat blanc restant pour faire des copeaux (voir p. 52) et déposez-les sur le caramel.

BOISSONS

Chocolat chaud en cappuccino

★

INGRÉDIENTS

Pour 6 personnes
- *1 litre de lait*
- *180 g de poudre de cacao*
- *15 g de café soluble*
- *1/2 gousse de vanille*
- *10 g de crème fleurette*
- *30 g de chocolat noir au café*

 Faites bouillir 90 cl de lait avec le cacao, le café soluble et la vanille. Réservez le reste du lait pour la mousse du cappuccino.

Frottez votre chocolat noir au café sur une petite râpe afin d'obtenir des petits granulés.

Fouettez votre crème et ajoutez-lui le reste du lait, bouilli.

Après avoir retiré la vanille, versez votre chocolat chaud dans des tasses à moka. Ajoutez sur chacune une généreuse cuillerée à soupe de crème mousseuse et saupoudrez de chocolat au café râpé.

Velouté de chocolat

★

INGRÉDIENTS

Pour 6 personnes
- *1 litre de lait*
- *100 g de sucre en poudre de canne roux*
- *200 g de chocolat Noir Extra*
- *100 g de chocolat noir à 76 % de cacao*
- *6 jaunes d'œufs*
- *10 cl de crème fleurette*
- *1 g de noix muscade râpée*
- *1 clou de girofle*
- *1/2 gousse de vanille*
- *quelques fragments de bâton de cannelle*

 Portez à ébullition votre lait aromatisé de vanille, de cannelle, de noix muscade et de girofle. Ajoutez le chocolat haché très fin et le sucre. Mélangez.

Dans une autre casserole, émulsionnez au fouet les jaunes d'œufs avec 2 cuillerées à soupe d'eau. Quand ils sont d'une consistance crémeuse, ajoutez-leur la crème après l'avoir fouettée, puis versez le chocolat liquide débarrassé de ses aromates. Fouettez avec ferveur.

Servez dans de grands bols ou dans de larges tasses de petit déjeuner ce chocolat velouté qui réchauffera vos soirs d'hiver.

Chocolat blésois

★

 Concassez séparément les deux chocolats, assez finement. Placez-les dans deux casseroles différentes.

Dans une troisième casserole, portez le lait à ébullition. Versez un tiers du lait sur le chocolat noir, puis les deux tiers sur le chocolat praliné. Fouettez chacun des chocolats jusqu'à ébullition puis retirez-les du feu.

Montez votre crème fraîche en une mousse pas trop ferme. Dans 6 mazagrans en verre épais, répartissez vos ingrédients comme suit : dans le fond, le chocolat praliné recouvert d'un macaron de crème fraîche fouettée ; puis le chocolat noir surmonté lui aussi de crème fouettée. Terminez avec le chocolat praliné et un nouveau macaron de crème fraîche fouettée. Si on veut répartir correctement la crème, il est plus facile — et également plus joli — d'utiliser une poche à douille de pâtisserie.

Parsemez de copeaux de chocolat Pralinoise et dégustez aussitôt.

INGRÉDIENTS

Pour 6 personnes
- *150 g de Pralinoise*
- *100 g de chocolat Noir Extra*
- *1 litre de lait*
- *30 cl de crème fleurette*
- *6 cuillerées à soupe de copeaux de Pralinoise*

Lait d'amande au chocolat au lait

★

 Faites bouillir votre lait et versez-le petit à petit dans un récipient qui contient la pâte d'amandes coupée en morceaux. Délayez jusqu'à ce qu'il ne subsiste aucun grain.

Hors du feu, ajoutez alors à votre lait d'amande le chocolat brisé en petits morceaux. Remuez pour faciliter sa dilution et tenez votre liquide au chaud.

Parfumez au dernier moment d'eau de fleur d'oranger.

INGRÉDIENTS

Pour 6 personnes
- *150 g de pâte d'amandes*
- *1 litre de lait*
- *150 g de chocolat au lait*
- *2 cuillerées à soupe d'eau de fleur d'oranger*

Chocolat mousseux grand-mère

★

INGRÉDIENTS

Pour 6 personnes
- *1 litre de lait entier*
- *280 g de chocolat noir à pâtisser*
- *10 cl de crème fleurette*
- *1 gousse de vanille*

Les copeaux de chocolat

 Faites fondre 80 g de chocolat noir (voir p. 52). Versez-le directement sur un marbre de pâtisserie ou une surface propre et lisse de votre cuisine. Étalez-le finement à l'aide d'une spatule. Dès qu'il est refroidi, raclez des copeaux de chocolat à l'aide d'un couteau ou d'une spatule. Réservez ces copeaux sur une assiette.

Le chocolat chaud

 Brisez le reste de chocolat noir dans une casserole. Versez le lait et ajoutez la gousse de vanille fendue. Faites chauffer doucement sans cesser de fouetter jusqu'à ce que votre lait atteigne l'ébullition.

Fouettez séparément la crème fleurette et ajoutez-la au dernier moment, juste avant de transvaser votre chocolat chaud dans une chocolatière.

Servez votre chocolat mousseux. Chaque convive pourra ajouter dans sa tasse la dose de copeaux de chocolat qui lui convient.

Cocktail exotique au cacao

★

INGRÉDIENTS

Pour 6 personnes
- *2 bananes*
- *1/2 ananas*
- *4 kiwis*
- *200 g de framboises*
- *30 cl d'eau*
- *50 g de sucre en poudre*
- *150 g de poudre de cacao*

POUR LA DÉCORATION
- *1 kiwi, 1 orange, menthe fraîche*
- *sucre semoule*
- *poudre de cacao*

 Pelez l'ananas, les bananes, les kiwis et mixez-les séparément en une pulpe très lisse. Mixer de même les framboises. Réservez ces pulpes séparément au frais.

Préparez un sirop en mélangeant le sucre dans l'eau. Réservez 15 cl pour délayer votre poudre de cacao.

Ajoutez à chaque pulpe de fruit la proportion nécessaire de sirop afin d'obtenir une fluidité identique.

Sablez le bord légèrement humidifié de vos verres à cocktail en les retournant dans un mélange de sucre et de cacao.

Transvasez les pulpes de fruits en procédant ainsi : versez tout d'abord votre mélange chocolaté, puis la pulpe de banane, ensuite la framboise, l'ananas et le kiwi. Terminez par une nouvelle couche chocolatée. Répartissez en strates bien régulières.

Vous pouvez décorer chaque verre d'une rondelle de fruit frais, kiwi ou orange, ainsi que d'une feuille de menthe fraîche. Dégustez glacé.

CI-CONTRE : rare carte postale à colorier, vers 1907-1910.

PAGE CI-CONTRE : En fond, panonceau publicitaire pour les bâtons de chocolat Émir, vers 1925-1930.

Chocolat arlequin

 Prenez trois casseroles. Dans chacune, portez à ébullition 40 cl de lait et 2 feuilles de gélatine.

Dans la première, faites fondre votre chocolat blanc coupé en morceaux ; dans la deuxième, le chocolat au lait et, dans la troisième, le chocolat noir. Laissez refroidir.

Placez 6 verres à bords droits, en forme de gobelets, dans votre réfrigérateur.

Pendant ce temps, découpez six bandes rectangulaires de papier sulfurisé de la hauteur de vos verres. Repliez chaque bande sur elle-même, en forme de Y, afin de créer trois séparations en hauteur dans vos verres.

Sortez vos verres et placez une bande de papier repliée dans chacun. Vous devez ainsi créer trois compartiments étanches.

Faites-vous aider afin de verser simultanément et très doucement dans chaque verre les trois chocolats refroidis. Aussitôt cette opération délicate terminée, replacez vos verres au réfrigérateur pendant quelques minutes. Quand les chocolats sont légèrement pris, ressortez vos verres et retirez délicatement chaque bande de papier. Vos différentes crèmes doivent rester chacune à leur place et ne pas se mélanger. Remettez vos verres au frais.

Servez ce chocolat froid arlequin lors d'un goûter ou d'un déjeuner d'été.

INGRÉDIENTS

Pour 6 personnes
- *120 cl de lait*
- *6 feuilles de gélatine (2g chacune)*
- *100 g de chocolat au lait*
- *100 g de chocolat blanc*
- *100 g de chocolat Noir Extra*

Milk-shake au chocolat blanc

★

INGRÉDIENTS

Pour 6 personnes

POUR LA GLACE AU CHOCOLAT BLANC

- *40 cl de lait*
- *3 jaunes d'œufs*
- *80 g de sucre en poudre*
- *1 gousse de vanille*
- *150 g de chocolat blanc*
- *10 cl de crème fraîche*

POUR LE MILK-SHAKE

- *50 cl de lait frais du jour*
- *1 cuillerée de poudre de cacao*
- *6 cerises confites*

La glace au chocolat blanc

 Dans un bol, faites mousser au fouet les jaunes d'œufs et le sucre. Versez le lait avec la gousse de vanille fendue sur ce mélange et reportez le tout dans une casserole. Nappez la crème avec une cuillère en bois jusqu'à ce qu'elle soit bien onctueuse. Retirez la gousse de vanille.

Laissez refroidir votre crème anglaise et versez-la petit à petit sur le chocolat blanc fondu (voir p. 52) tout en ne cessant pas de remuer. Quand votre mélange est bien homogène, ajoutez la crème fraîche.

Laissez prendre votre crème dans une sorbetière. Elle n'a pas besoin d'être très ferme.

Le milk-shake

 Versez la glace et le lait dans un shaker ou sinon dans le bol de votre robot ménager. Assurez-vous de sa parfaite fermeture avant de secouer vivement ou d'émulsionner. Vous devez obtenir une mousse liquide glacée.

Répartissez votre boisson dans de grands verres à cocktail. Saupoudrez légèrement de cacao en poudre et décorez chaque verre d'une cerise confite. Servez très frais.

GÂTEAUX D'ANNIVERSAIRE

Biscuit chocolat au cassis et au gingembre

★

INGRÉDIENTS

Pour 6 personnes

POUR LA GÉNOISE

- *200 g de farine*
- *100 g de poudre de cacao*
- *6 œufs*
- *225 g de sucre en poudre*
- *100 g de beurre*

POUR LA GANACHE

- *250 g de chocolat Noir Extra*
- *25 cl de crème fleurette*
- *50 g de beurre*
- *50 g de gingembre frais*

POUR LE SIROP DE CASSIS

- *200 g de baies de cassis*
- *200 g de sucre en poudre*
- *20 cl d'eau*

La génoise au cacao

 Préchauffez le four à 180° (th. 6).

Posez un cul-de-poule dans un bain-marie. Battez les œufs avec le sucre sur cette chaleur douce jusqu'à obtention d'un mélange mousseux et épais.

Refroidissez votre mélange en posant le cul-de-poule dans de l'eau froide et continuez à battre.

Dès que votre mélange est refroidi, ajoutez la farine et la poudre de cacao. Incorporez ensuite délicatement le beurre fondu.

Emplissez aux trois quarts un moule à revêtement Téflon légèrement beurré et enfournez pendant 20 mn.

Démoulez votre génoise sur une grille recouverte d'un linge et laissez-la refroidir à température ambiante.

Le sirop de cassis

 Faites fondre le sucre dans l'eau et portez à ébullition. Jetez-y les baies de cassis. Laissez frémir et réduire de moitié. Débarrassez sur une assiette creuse et laissez refroidir.

La ganache au chocolat et au gingembre

 Faites fondre au bain-marie le chocolat noir concassé (voir p. 52).

Hachez très finement le gingembre, mélangez-le à la crème. Dans une casserole, portez à ébullition cette crème parfumée, puis versez-la sur le chocolat fondu et remuez. Ajoutez le beurre progressivement.

Finition

 Découpez la génoise en trois épaisseurs. À l'aide d'un pinceau, imbibez légèrement chaque couche de sirop de cassis.

Réservez le quart des baies de cassis pour la décoration et répartissez le reste sur deux ronds de génoise. Nappez-les ensuite de ganache au chocolat en gardant un tiers de ganache pour masquer le gâteau.

Superposez les deux ronds l'un sur l'autre et recouvrez du troisième.

Réchauffez au bain-marie la ganache restante pour la fluidifier. Ajoutez-lui du sirop de cassis, s'il vous en reste, ou sinon un peu d'eau pour la détendre. Deux ou trois cuillerées à soupe de liquide suffisent.

Placez votre gâteau sur une grille et recouvrez-le de ganache. Bougez légèrement votre grille pour bien répartir le glaçage.

Décorez de baies de cassis égouttées et roulées dans du sucre puis dans de la poudre de cacao.

Chromolithographie de la série : « Tom Tit ».
Dans ce tour – « Le papier électrisé » – le magicien fait tomber une canne sans la toucher grâce à l'électricité statique dont est chargé un papier préalablement frotté avec la main.

Entremets chocolat aux griottes

★

INGRÉDIENTS

Pour 6 personnes

**POUR LE BISCUIT
AUX AMANDES**

- *125 g de sucre en poudre*
- *4 blancs d'œufs*
- *125 g de poudre
  d'amandes*
- *25 g de farine*

POUR LA GANACHE

- *25 cl de crème fraîche*
- *300 g de chocolat Noir
  Extra*

POUR LA CRÈME MOUSSELINE

- *50 cl de lait*
- *4 jaunes d'œufs*
- *100 g de sucre en poudre*
- *40 g de farine*
- *250 g de beurre*

POUR LA DÉCORATION

- *30 griottes confites à
  l'eau-de-vie*

Le biscuit aux amandes

 Préchauffez le four à 150° (th. 5).

Montez les blancs en neige très ferme. Ajoutez le sucre et, à l'aide d'une spatule, incorporez délicatement la farine et la poudre d'amandes.

Sur la plaque du four recouverte d'une feuille de papier sulfurisé beurrée, étalez deux carrés de 25 cm de côté. Enfournez pendant 10 mn. Laissez ensuite refroidir sur une grille.

La ganache au chocolat

Faites fondre au bain-marie le chocolat noir cassé en morceaux (voir p. 52). Versez dessus la crème bouillie et mélangez doucement jusqu'à ce que votre ganache devienne bien lisse. Réservez.

La crème mousseline

Fouettez les jaunes d'œufs et le sucre. Ajoutez la farine tamisée, puis versez le lait bouillant en ne cessant pas de remuer.

Reportez le tout dans la casserole et redonnez un bouillon. Comme pour une crème pâtissière, après cuisson, incorporez à chaud au fouet la moitié du beurre hors du feu et faites refroidir. Lorsque la crème est bien refroidie, ajoutez le reste du beurre ramolli par petites noisettes.

Séparez votre crème mousseline en deux parties inégales : un tiers, deux tiers.

Le montage du gâteau

Mélangez les trois quart de votre ganache au chocolat à la plus grosse part de la crème mousseline. Garnissez l'un des deux biscuits de ce mélange sur une épaisseur de 2 cm.

À l'aide d'une poche à douille unie moyenne, répartissez sur cette garniture des points de crème mousseline nature et enfermez dans chacun une griotte. Chaque griotte doit être entièrement entourée de crème blanche.

Placez au frais cette première partie de votre gâteau pendant 15 mn.

Recouvrez d'une nouvelle couche de crème mousseline au chocolat puis du second biscuit. Conservez à nouveau votre gâteau au frigo pendant 2 h.

Finition

☛ Laquez le dessus de votre entremets du reste de la ganache fluide. Laissez prendre 30 mn puis, avec un couteau à lame chaude, parez les côtés du gâteau afin d'obtenir un carré régulier.

S'il vous reste de la ganache, vous pouvez l'étaler sur deux bandes de papier découpées à la dimension du pourtour de votre gâteau. Collez la ganache délicatement contre ses parois, le papier se trouvant vers l'extérieur, puis retirez-le quand votre chocolat aura durci.

Gâteau chocolat-chocolat

★

Le gâteau

 Préchauffez le four à 180° (th. 6).

Séparez les jaunes des blancs des 4 œufs. Montez les blancs en neige et ajoutez le sucre pour les raffermir. Incorporez alors les jaunes, puis le mélange de farine, de poudre d'amandes et de cacao. Utilisez une spatule pour ne pas faire retomber les blancs.

Versez doucement le beurre fondu refroidi.

Dans un moule rond beurré et fariné, versez délicatement cette pâte à biscuit et égalisez sa surface. Mettez au four pendant 25 mn.

Au sortir du four, démoulez votre gâteau sur un linge et laissez-le refroidir complètement.

Pendant ce temps, préparez un sirop avec 100 g de sucre dissous dans 15 cl d'eau et donnez-lui un bouillon. Ajoutez alors la demi-tasse de café, puis les fèves de cacao réduites en poudre au moulin à café.

La ganache au chocolat

Faites bouillir la crème fraîche avant de la verser, tout en remuant, sur le chocolat concassé fondu au bain-marie (voir p. 52). Ajoutez ensuite le beurre en petites parcelles, petit à petit.

Les fèves pralinées

Dans une petite casserole, déposez le sucre sans eau sur un feu doux. Remuez-le à la spatule et dès qu'il devient blond, ajoutez les fèves de cacao entières.

Hors du feu, continuez de remuer, ajoutez le cacao en poudre pour finir de malaxer l'ensemble. Votre sucre va devenir granuleux et friable. Réservez vos fèves pralinées.

INGRÉDIENTS

Pour 6 personnes
POUR LE GÂTEAU
* *100 g de sucre en poudre*
* *4 œufs*
* *100 g de farine*
* *50 g de poudre d'amandes*
* *50 g de poudre de cacao*
* *50 g de beurre*
* *1/2 tasse de café moka*
* *100 g de sucre en poudre*
* *15 cl d'eau*
* *30 g de fèves de cacao*

POUR LA GANACHE
* *200 g de chocolat Noir Extra*
* *20 cl de crème fraîche*
* *50 g de beurre*

POUR LE GLAÇAGE
* *100 g de chocolat noir à 76% de cacao*
* *15 cl de crème fleurette*
* *5 cl d'eau*

POUR LA DÉCORATION
* *200 g de chocolat Noir Extra*
* *20 g de fèves de cacao entières*
* *20 g de sucre en poudre*
* *1 cuillerée de poudre de cacao*
* *1 gousse de vanille entière*

Les copeaux de chocolat

☞ Sur une surface dure et unie, étalez en plusieurs fois avec un triangle de peintre le chocolat noir fondu au bain-marie. Laissez-le refroidir et durcir avant de détacher à l'aide du même triangle des copeaux de chocolat.

Finition

☞ Préparez le glaçage de votre gâteau en faisant fondre le chocolat noir au bain-marie (voir p. 52). Versez dessus la crème fleurette bouillie avec l'eau et gardez au chaud.

CHOCOLAT POULAIN
GOUTEZ ET COMPAREZ !
QUALITÉ SANS RIVALE.

N°6.

Pierrot pour se guérir, jure de ne plus boire

Fendez votre biscuit en 4 disques. Avec un pinceau, imbibez chacun d'eux du sirop au café et au cacao. Réservez le plus joli disque pour garnir le sommet.

Garnissez les trois autres de ganache au chocolat, en quantités égales, dès que celle-ci commence à épaissir en se refroidissant.

Superposez les quatre disques et masquez l'ensemble de votre gâteau avec le reste de ganache au chocolat. Oubliez au moins 2 h au frigo.

Une fois votre gâteau bien pris, répartissez votre glaçage tiède. Collez aussitôt les copeaux de chocolat sur tous ses bords. Répartissez harmonieusement les fèves de cacao pralinées sur son sommet.

Vous pouvez accessoirement compléter votre décor en nouant une gousse de vanille à côté des fèves de cacao.

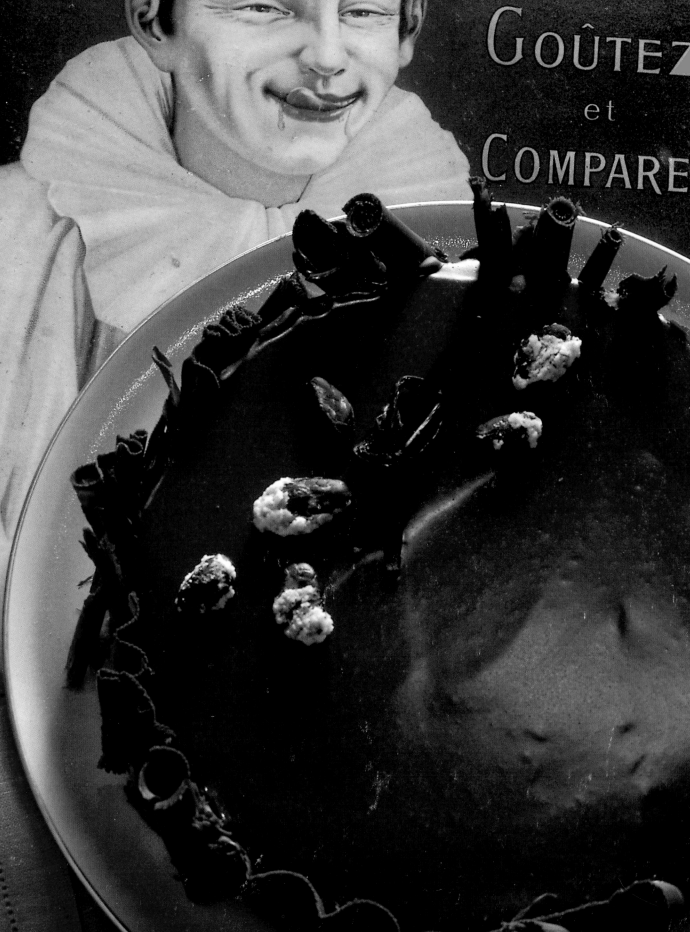

GOÛTEZ
et
COMPARE

Palet chocolat au café

★

INGRÉDIENTS

Pour 6 personnes

POUR LE BISCUIT

- *5 œufs*
- *100 g de sucre en poudre*
- *100 g de farine*
- *50 g de poudre d'amandes*

POUR LA CRÈME MOUSSELINE

- *40 cl de lait*
- *4 jaunes d'œufs*
- *40 g de Maïzena*
- *200 g de beurre*
- *100 g de sucre en poudre*

POUR LA GANACHE AU CAFÉ

- *150 g de chocolat blanc*
- *50 g de chocolat au lait*
- *10 cl de café*

POUR LA GANACHE AU CHOCOLAT NOIR

- *200 g de chocolat Noir Extra*
- *20 cl de crème fleurette*

POUR LE SIROP AU CAFÉ

- *100 g de sucre en poudre*
- *10 cl d'eau*
- *10 cl de café*

POUR LA FINITION

- *100 g de chocolat Noir Extra*
- *10 cl de crème fleurette*
- *5 cl de café*
- *50 g de chocolat au lait*

Le biscuit

 Préchauffez le four à 180° (th. 6).

Fouettez les blancs d'œufs en neige très ferme avec le sucre. Ajoutez les jaunes d'œufs, puis délicatement, à l'aide d'une spatule, incorporez la farine et la poudre d'amandes.

Sur une plaque recouverte de papier sulfurisé, étalez votre biscuit sans l'écraser. Enfournez pendant 10 à 12 mn.

Au sortir du four, laissez le biscuit refroidir sur une grille avant de le découper en 4 rectangles égaux.

La crème mousseline

Dans une casserole, portez le lait à ébullition. Fouettez les jaunes d'œufs et le sucre avant d'ajouter la Maïzena. Versez le lait bouilli sur ce mélange. Reportez le tout dans la casserole et remuez jusqu'à obtention d'un premier bouillon.

Hors du feu, ajoutez la moitié du beurre et laissez refroidir un peu. Ajoutez ensuite le reste du beurre et fouettez.

Partagez votre crème mousseline en deux : une moitié sera assemblée à la ganache au chocolat, l'autre à la ganache au café.

Les ganaches au chocolat et au café

Faites fondre le chocolat noir au bain-marie (voir p. 52), puis versez dessus la crème bouillie. Mélangez.

Faites fondre le chocolat blanc et le chocolat au lait au bain-marie. Versez dessus le café et délayez doucement le tout.

Montage du gâteau

Faites un sirop en mélangeant le sucre et l'eau et donnez une ébullition. Ajoutez ensuite le café pour parfumer. Laissez refroidir. Quand il est froid, imbibez au pinceau un rectangle de biscuit qui servira de base au gâteau. Recouvrez ce premier biscuit imbibé de crème mousseline au chocolat. Imbibez un deuxième rectangle de biscuit et placez-le sur ce premier assemblage. Recouvrez-le de crème mousseline au café.

Superposez alors le troisième rectangle de biscuit imbibé et répartissez le reste de crème mousseline au chocolat avant de terminer avec votre dernier rectangle de biscuit imbibé.

Oubliez 2 h votre gâteau au frigo afin qu'il se raffermisse.

Finition

☞ Pendant ce temps, préparez un glaçage en faisant fondre le chocolat noir et le chocolat au lait au bain-marie (voir p. 52). Versez dessus la crème bouillie et le café. Réservez au chaud en laissant dans le bain-marie.

Quand votre gâteau est bien pris, nappez-le du glaçage au chocolat ainsi préparé avant de le remettre à nouveau au frigo.

Avant de le présenter, parez, à l'aide d'une lame de couteau trempée dans de l'eau chaude et essuyée, les bords de votre gâteau afin d'obtenir un palet bien droit.

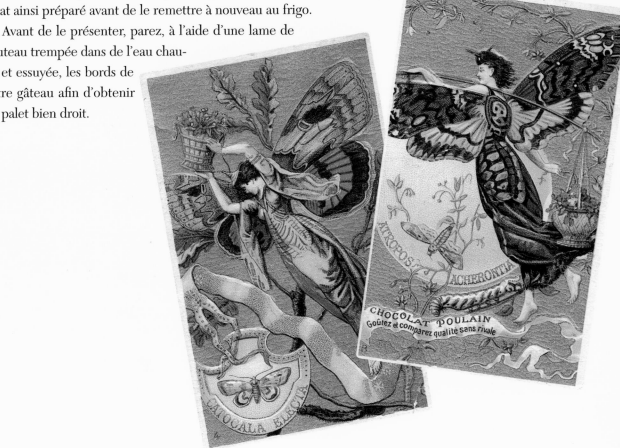

Carré noir à l'ananas

★

INGRÉDIENTS

Pour 6 personnes

**POUR LE BISCUIT
AU CHOCOLAT**

- *3 œufs*
- *60 g de sucre en poudre*
- *40 g de farine*
- *40 g de poudre
  d'amandes*
- *50 g de poudre de cacao*

**POUR LE BISCUIT À
LA NOIX DE COCO**

- *4 blancs d'œufs*
- *125 g de sucre glace*
- *125 g de poudre de noix
  de coco*
- *25 g de farine*

POUR L'ANANAS

- *1 ananas frais*
- *200 g de sucre en poudre*
- *25 cl d'eau*

**POUR LA CRÈME
AU CHOCOLAT**

- *300 g de chocolat noir à
  pâtisser*
- *25 cl de crème fraîche*
- *50 g de beurre*

Le biscuit au chocolat

 Préchauffez le four à 170° (th. 6).

Montez les blancs en neige très ferme. Ajoutez le sucre sur les blancs et continuez à battre pour avoir des blancs bien meringués.

Ajoutez les jaunes d'œufs puis le mélange de farine, de poudre d'amandes et de poudre de cacao. Mélangez à la spatule.

Sur une plaque recouverte d'un papier sulfurisé, étalez l'appareil, saupoudrez-le de poudre de cacao et enfournez-le pendant 10 mn.

Le biscuit à la noix de coco

 Montez les blancs en neige très ferme. Ajoutez le sucre glace, puis la poudre de noix de coco et la farine en mélangeant avec une spatule.

Étalez, sans écraser, le mélange sur une plaque garnie de papier sulfurisé et cuisez dans un four préchauffé à 150° (th. 5) de 10 à 12 mn.

L'ananas

 Découpez la chair de l'ananas en dés de 2 cm. Plongez-les dans un sirop tiède préparé avec le sucre dissous dans l'eau. Laissez frémir 3 ou 4 mn, puis laissez refroidir les dés d'ananas dans leur jus.

La crème mousseuse au chocolat

 Faites fondre votre chocolat noir au bain-marie (voir p. 52). Donnez séparément une ébullition à la crème fraîche et versez-la doucement sur le chocolat fondu tout en remuant au fouet.

Hors du feu, incorporez le beurre petit à petit et fouettez à nouveau pour faire mousser votre chocolat. Arrêtez dès qu'il commence à se raffermir.

Le montage du gâteau

Découpez le biscuit au chocolat en deux carrés de 20 cm de côté. Procédez de même pour le biscuit à la noix de coco. Imbibez légèrement au pinceau l'un des biscuits au chocolat avec le sirop d'ananas. Couvrez-le d'une fine couche de crème au chocolat (environ un tiers), puis d'un carré de biscuit à la noix de coco.

Garnissez le dessus du biscuit à la noix de coco de crème au chocolat puis de dés d'ananas bien égouttés. Enserrez les dés dans une nouvelle couche de crème au chocolat et recouvrez du second biscuit à la noix de coco.

Masquez votre biscuit à la noix de coco d'une nouvelle couche de crème au chocolat et finissez par le second carré au chocolat recouvert de poudre de cacao.

Gardez votre gâteau au réfrigérateur pendant 2 h.

Finition

Quand le gâteau est bien pris, parez les côtés. N'ajoutez rien à sa décoration : l'aspect brut et volcanique du biscuit cacaoté suffit à sa présentation.

Succès au chocolat

★

Le succès

 Préchauffez le four à 150° (th. 5).

Montez les blancs en neige au fouet, ajoutez le sucre puis le mélange d'amandes en poudre, de noisettes et de farine. Remuez délicatement à l'aide d'une spatule.

Sur une plaque recouverte d'une feuille de papier sulfurisé, étalez deux cercles d'un même diamètre de 18 à 20 cm. Faites-les cuire au four pendant 10 mn. Au sortir du four, laissez-les refroidir puis retournez-les pour décoller le papier.

La crème au chocolat

Portez le lait à ébullition. Fouettez les jaunes d'œufs avec le sucre et la Maïzena puis versez dessus le lait bouillant. Reportez le tout dans la casserole et fouettez jusqu'à obtention d'un premier bouillon. Hors du feu, ajoutez le chocolat brisé en morceaux, puis le beurre. Laissez refroidir.

Pendant ce temps, montez la crème fraîche au fouet. Il faut qu'elle soit bien légère. Incorporez-la à la crème au chocolat refroidie.

La nougatine

Dans une casserole, faites caraméliser le sucre à sec jusqu'à ce qu'il prenne une jolie teinte blonde. Ajoutez les amandes hachées et mélangez aussitôt. Réservez.

Montage du gâteau

Sur l'un des deux cercles de pâte, posez des rosaces de crème au chocolat avec une poche à douille cannelée. Commencez d'abord par le pourtour puis terminez par le centre.

Parsemez de la nougatine concassée toute la surface de la crème et recouvrez du second cercle de pâte.

Saupoudrez de sucre glace et de cacao. Vous pouvez jouer avec ces deux couleurs en utilisant un pochoir en papier à votre goût.

INGRÉDIENTS

Pour 6 personnes

POUR LE SUCCÈS

- *4 blancs d'œufs*
- *100 g de sucre en poudre*
- *100 g de poudre d'amandes*
- *50 g de noisettes brutes (entières avec la peau) pilées grossièrement*
- *25 g de farine*

POUR LA CRÈME AU CHOCOLAT

- *30 cl de lait*
- *3 jaunes d'œufs*
- *75 g de sucre en poudre*
- *30 g de Maïzena*
- *150 g de chocolat Noir Extra*
- *15 cl de crème fleurette*
- *100 g de beurre*

POUR LA NOUGATINE

- *100 g d'amandes hachées*
- *100 g de sucre en poudre*

POUR LA DÉCORATION

- *sucre glace*
- *poudre de cacao*

Magie noire – magie blanche

★

INGRÉDIENTS

Pour 6 personnes

POUR L'APPAREIL À LANGUES-DE-CHAT

- *150 g de beurre*
- *110 g de sucre glace*
- *40 g de poudre de cacao*
- *3 œufs*
- *180 g de farine tamisée*

POUR LA GANACHE BLANCHE

- *200 g de chocolat blanc*
- *60 cl de lait entier*
- *20 cl de crème fleurette*

POUR LA GANACHE NOIRE

- *200 g de chocolat Noir Extra*
- *35 cl de crème fleurette*

POUR LE GLAÇAGE DE CHOCOLAT BLANC

- *80 g de chocolat blanc*
- *60 g de crème fleurette*
- *8 cl de lait*
- *40 g de sucre en poudre*

POUR LE GLAÇAGE DE CHOCOLAT NOIR

- *80 g de chocolat Noir Extra*
- *60 g de crème fleurette*
- *8 cl d'eau*
- *40 g de sucre en poudre*

L'appareil à langues-de-chat

 Lissez au fouet votre beurre en pommade avant d'y ajouter le sucre glace et la poudre de cacao. Ajoutez ensuite les œufs, un à un, puis, petit à petit, la farine. Mélangez délicatement, jusqu'à obtention d'une pâte parfaitement homogène. Réservez 15 mn au frais.

Préchauffez le four à 180° (th. 6).

Beurrez votre plaque à pâtisserie et partagez la pâte rafraîchie pour obtenir à la spatule 9 disques de 20 cm de diamètre. Mettez-les à cuire pendant 5 mn en surveillant la cuisson. Sortez-les du four et couvrez-les un à un d'une assiette à dessert retournée pour découper au couteau tout autour afin d'obtenir des disques chocolatés égaux et réguliers. En retirant l'assiette, décollez la pâte avec précaution. Réservez les disques précieusement. Vous venez d'effectuer l'opération la plus difficile de la recette.

Les deux ganaches

Brisez le chocolat blanc en morceaux dans un bol. Portez votre lait à ébullition et réduisez-le de moitié sur un feu très doux. Versez-le sur le chocolat blanc brisé. Remuez doucement jusqu'à ce que le mélange descende à la température de votre doigt. Ajoutez alors la moitié de la crème fouettée, remuez avec délicatesse avant d'ajouter le reste de la crème.

Pour la ganache noire, procédez de la même manière. Séparément, donnez une ébullition à la crème fleurette et versez-la sur le chocolat noir cassé en petits morceaux. Ajoutez ensuite progressivement la crème fouettée sur le chocolat tiédi. Vos deux ganaches sont prêtes.

Le montage du gâteau

☞ Découpez alors une bande de papier sulfurisé de 60 cm de long et de 10 cm de large. Agrafez-la afin d'obtenir une couronne de 20 cm de diamètre exactement. Sur votre plat à gâteau, disposez un premier disque chocolaté. Placez votre couronne de papier dessus. Versez tout d'abord sur 1 cm de hauteur votre ganache noire, recouvrez d'un deuxième disque, versez maintenant votre ganache blanche, recouvrez d'un disque et montez votre gâteau ainsi de suite jusqu'au dernier disque qui couronne le montage. Rangez le gâteau pendant 3 h au réfrigérateur.

Les deux glaçages noir et blanc

☞ Procédez de la même façon pour les deux. Dans une casserole, faites bouillir l'eau ou le lait avec le sucre. Versez sur le chocolat concassé et mélangez de façon bien homogène avant d'ajouter la crème bouillie. Réservez-les en les maintenant au bain-marie à la température de 30° afin qu'ils soient prêts à l'utilisation.

Lorsque votre gâteau est bien pris, retirez-le du réfrigérateur. Versez les deux glaçages noir et blanc simultanément et très doucement jusqu'à ce qu'ils se touchent (voir photo). Replacez le gâteau au frais où vous pouvez le laisser encore plusieurs heures si vous le désirez.

N'enlevez la collerette de papier qu'au moment de servir. Découpez à l'aide d'un couteau passé sous l'eau chaude.

GRIGNOTAGES

Rochers au praliné

★

INGRÉDIENTS

Pour 6 personnes

POUR LES INTÉRIEURS

• *100 g de chocolat au lait*

• *200 g de Pralinoise*

• *200 g de Blocs gourmands aux noisettes*

POUR L'ENROBAGE

• *300 g de chocolat au lait*

• *50 g d'amandes effilées grillées*

 Mélangez au robot les différentes tablettes de chocolat, cassées en morceaux et conservées à température ambiante.

Pendant que le chocolat est encore moelleux, confectionnez des boules de chocolat entre deux petites cuillères.

Déposez au fur et à mesure quelques amandes effilées et grillées sur chacune.

Faites fondre au bain-marie votre chocolat d'enrobage (voir p. 52) et tempérez-le à 30°. À l'aide d'une fourchette, trempez-y chaque boule de chocolat et égouttez-la en tapotant sur le bord de votre casserole.

Déposez vos rochers sur une feuille de papier d'aluminium et laissez le chocolat se figer avant de les déguster.

Truffes noires à l'abricot

★

INGRÉDIENTS

Pour 6 personnes

POUR LES INTÉRIEURS

• *250 g de chocolat noir*

• *200 g de crème fleurette*

• *50 g de beurre*

• *2 oranges*

• *50 g de marmelade d'abricots*

POUR L'ENROBAGE

• *300 g de chocolat noir à pâtisser*

• *poudre de cacao*

 Faites une ganache en faisant fondre au bain-marie le chocolat noir brisé en morceaux (voir p. 52).

Versez par-dessus la crème fleurette portée à ébullition et aromatisée avec les zestes des oranges râpés. Mélangez bien.
Hors du feu, ajoutez le beurre en petites parcelles, puis la marmelade d'abricots.

Dès que votre ganache commence à se raffermir, emplissez-en une poche à douille unie et dressez les truffes les plus arrondies possible sur un papier-film étiré sur une plaque. Conservez-les au frais.

Faites fondre le chocolat à pâtisser au bain-marie (voir p. 52). Trempez vos truffes dans le chocolat fondu à l'aide d'une fourchette. Égouttez-les et enrobez-les de cacao en les poussant du bout de votre fourchette dans la poudre.

Macarons au chocolat

INGRÉDIENTS

Pour 6 personnes

POUR LES MACARONS

- *125 g de poudre d'amandes*
- *250 g de sucre glace*
- *20 g de poudre de cacao*
- *4 blancs d'œufs*

POUR LA GANACHE

- *100 g de chocolat Noir Extra*
- *10 cl de crème fraîche*
- *20 g de beurre*

Les macarons

☞ Préchauffez le four à 180° (th. 6).

Mélangez la poudre d'amandes, le sucre glace et le cacao.

Liez l'ensemble avec 2 blancs d'œufs.

Montez les autres blancs d'œufs en neige. Incorporez-les délicatement à votre mélange à l'aide d'une spatule.

Placez une feuille de papier sulfurisé sur la plaque de votre four. À l'aide d'une poche à douille, dressez vos macarons, en les espaçant de 3 cm afin qu'ils ne se collent pas les uns aux autres pendant la cuisson.

Enfournez 12 mn et laissez cuire dans le four éteint.

Hors du four, faites couler un peu d'eau entre la plaque et le papier afin de décoller plus facilement les macarons.

La ganache au chocolat

☞ Versez la crème bouillie sur le chocolat cassé en morceaux (voir p. 52). Remuez et finissez le mélange en ajoutant le beurre par petites noisettes. Laissez refroidir votre ganache à température ambiante. À l'aide d'une poche à douille, marquez chaque macaron d'un point de ganache puis collez-les deux par deux.

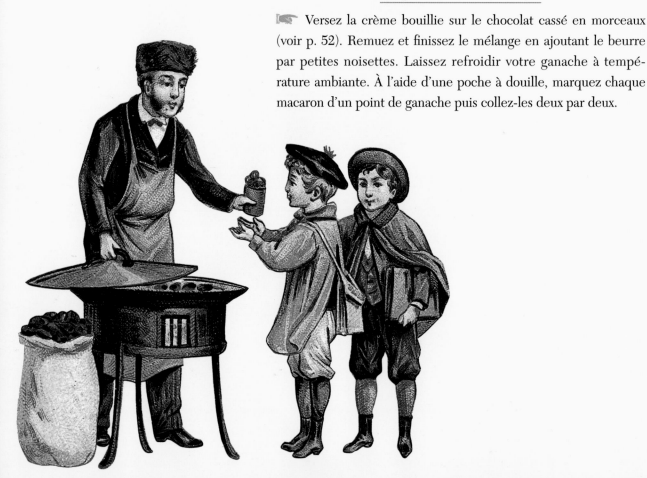

Barquettes au marron

La pâte sucrée

☞ Préchauffez le four à 170° (th. 6).

Au centre de la farine, mélangez le beurre ramolli, le sucre et le jaune d'œuf. Intégrez petit à petit la farine jusqu'à former un pâton solide. Réservez au frigo pendant 1 h.

Étirez la pâte au rouleau à pâtisserie. Elle n'a pas besoin d'être aplatie trop finement. Enroulez-la autour de votre rouleau et déroulez-la au-dessus de vos moules à barquettes, disposés en quinconce. Appuyez votre rouleau sur les moules afin de couper la pâte à la dimension de chaque moule. Tamponnez la pâte à l'intérieur de chacun.

Laissez reposer 20 mn avant de cuire vos barquettes dans le four pendant 5 à 6 mn. Démoulez.

La crème de marron

☞ Travaillez la crème de marron avec un trait de kirsch, garnissez-en vos barquettes. Lissez le dessus en dôme à l'aide d'une spatule.

Figez votre crème en passant vos barquettes 30 mn au réfrigérateur.

Le glaçage

☞ Faites fondre le chocolat à pâtisser au bain-marie (voir p. 52). Trempez le dôme de chaque barquette dans le chocolat fondu, égouttez bien afin d'éviter les coulures.

Mélangez le sucre glace avec le blanc d'œuf afin d'obtenir une pâte blanchâtre, qui doit rester ferme. Décorez le sommet de vos barquettes de trois petits points de cette glace royale à l'aide d'une poche à douille très fine.

INGRÉDIENTS

Pour 6 personnes

POUR LA PÂTE SUCRÉE
- *125 g de farine*
- *60 g de beurre*
- *50 g de sucre en poudre*
- *1 jaune d'œuf*

POUR LA CRÈME DE MARRON
- *150 g de crème de marron*
- *1 cuillerée à soupe de kirsch*

POUR LE GLAÇAGE
- *200 g de chocolat noir à pâtisser*
- *50 g de sucre glace*
- *1 blanc d'œuf*

Meringues coco au chocolat

★

INGRÉDIENTS

Pour 6 personnes

- *8 blancs d'œufs*
- *100 g de sucre semoule*
- *300 g de sucre glace*
- *400 g de noix de coco râpée en poudre*
- *15 g de beurre*
- *15 g de farine*
- *200 g de chocolat noir à pâtisser*

 Montez les blancs d'œufs en neige très ferme. Ajoutez le sucre semoule, puis le sucre glace.

Sans arrêter de fouetter, saupoudrez la meringue de 300 g de poudre de noix de coco et continuez à mélanger.

Beurrez votre plaque de four au pinceau et farinez-la. À l'aide d'une poche munie d'une douille cannelée, couchez de petites meringues torsadées, de 4 cm ou plus de longueur. Faites-les étuver dans votre four toute une nuit à la température de 60° (th. 1-2).

Faites fondre le chocolat noir à pâtisser au bain-marie (voir p. 52). Trempez le sommet de vos meringues dans le chocolat et saupoudrez-les de poudre de noix de coco légèrement grillée au four.

Vous pouvez conserver ces meringues pendant 2 ou 3 semaines dans une boîte hermétique bien au sec.

Caramels mous au chocolat, rhum et noisettes

★

INGRÉDIENTS

Pour 6 personnes

- *400 g de sucre en morceaux*
- *15 cl de crème fraîche*
- *100 g de beurre*
- *5 cl de rhum brun*
- *100 g de poudre de cacao*
- *75 g de noisettes hachées légèrement grillées*

 Dans une casserole, faites cuire le sucre en morceaux dans 20 cl d'eau. Portez votre sucre jusqu'au caramel roux.

Hors du feu, ajoutez la crème fraîche, tout en continuant de fouetter, puis la noix de beurre, le rhum et la poudre de cacao. Prolongez la cuisson du caramel en le portant à la température de 125°.

Huilez légèrement un plat creux. Versez dessus votre caramel partiellement refroidi et parsemez sa surface d'éclats de noisettes. Faites prendre votre caramel avant de le démouler. Coupez des petits carrés de 2 cm de côté. Il n'est pas nécessaire que le caramel soit très épais.

Conservez vos caramels dans un endroit très sec.

NOTES

1. Nom populaire donné aux tubercules d'une plante appelée le souchet comestible.

2. Sa mère semble être à l'origine de ce départ si on en juge le ressentiment qu'il lui garda toute sa vie. Il la dira morte et déclarera avoir été orphelin alors qu'elle ne décédera qu'en 1839.

3. Balzac (Honoré de), « L'épicier » dans *Œuvres complètes*, t. XIV, pp. 469-484, Le Club français du livre, Paris, 1967.

4. *Ibid.*

5. Robert-Houdin triomphe tous les soirs à guichet fermé depuis 1845 dans son théâtre des Soirées-Fantastiques, au 164 de la galerie de Valois, au cœur du Palais-Royal, à Paris. Il va bientôt entamer sa carrière internationale, d'abord en Belgique, puis en Angleterre, où il jouera en 1848 devant la reine Victoria.

6. Osmazône : terme chimique qui désigne le principe aromatique qui se trouve dans la chair de bœuf et se transmet au bouillon. Très employé dans les traités culinaires et ouvrages gastronomiques du XIXᵉ siècle, ce mot est maintenant tombé en désuétude.

7. Favre (Joseph), *Dictionnaire universel de cuisine et d'hygiène alimentaire*, librairie-imprimerie des Halles et de la Bourse de commerce, 4 vol., Paris, s. d. (1883-1892).

8. Baies rouges provenant de l'arbrisseau du même nom.

9. « La Maison Poulain, traitant des affaires assez importantes avec les fabriques anglaises en échange de ses produits, est à même de faire profiter l'acheteur des prix exceptionnels qu'ils ne pourront trouver que dans cette Maison » (*Journal de Loir-et-Cher*, 16 décembre 1863, Arch. départ. Per 137, 1863).

10. Lettre aux représentants : « Pour répondre au désir de ma clientèle, j'ai l'honneur de vous informer qu'à partir de ce jour tous les chocolats portant le nom Poulain, depuis la qualité chamois, à 2 fr. 80 le kilo et au-dessus, contiendront dans chaque tablette de 250 et 125 grammes des chromolithographies (modèles inédits appartenant à ma Maison, renouvelés tous les mois). Les personnes qui voudront faire des collections sont assurées de trouver dans mes chocolats une variété de plus de 300 sujets édités en une année.» Signé : Poulain fils, Blois, le 20 mars 1882.

11. Voici comment un journaliste de *L'Indépendant de Loir-et-Cher* rend compte de sa visite de la chocolaterie dans les colonnes de son journal, le 5 janvier 1916 :

« J'ai vu dans les nouveaux bâtiments un atelier d'imprimerie comme il n'en existe nulle part, je pense. Là, toutes les machines sont spéciales, construites uniquement pour un genre de travail et roulent d'un bout à l'autre de l'année sur le même article. Tout y est produit, depuis la petite étiquette en une seule couleur jusqu'aux grands tableaux donnés en primes, où le nombre de couleurs est très varié pour reproduire avec fidélité les œuvres d'artistes éminents, dont j'ai admiré les originaux sur les divers bureaux de l'administration. En lithographie, à côté des machines ordinaires où le papier prend directement sur la pierre même l'empreinte des dessins, une machine toute nouvelle donne un rendement infiniment supérieur avec des finesses beaucoup plus grandes, grâce à une feuille de caoutchouc transmettant le report d'un cylindre gravé à celui qui entraîne le papier qui s'imprime. Une foule d'auxiliaires sont nécessaires à ces travaux : graveurs sur pierre, reporteurs de gravures sur pierre ou sur zinc, pour fournir le travail des conducteurs, margeurs et receveurs. Et ce n'est rien à côté des travaux de typographie exécutés sur les machines les plus diverses : plates, minerves et rotatives. Une dizaine de ces dernières impriment en une, deux et jusqu'à sept couleurs au recto ou au verso du papier qui est coupé et compté à une

vitesse vertigineuse, plus de 150 000 feuilles par jour, m'a-t-on dit, pour chaque machine !
Ces machines nécessitent d'abord la composition des clichés où les compositeurs confectionnent les textes en puisant les lettres de la grosseur voulue juste à la place où elles se trouvent rangées. Et Dieu sait s'il y en a de toutes grosseurs et de toutes formes, bien alignées dans les tiroirs superposés dans les meubles s'allongeant à perte de vue. Elles nécessitent ensuite un atelier de clichage pour la confection, la reproduction, le cintrage des clichés en plomb, en zinc ou en cuivre. »
Avant ce service de clichage, l'imprimerie s'était adjoint un atelier de photographie, qui fonctionna de juillet 1897 à août 1900.

12. Nom de l'usine aménagée en face de l'usine de la Villette, de l'autre côté de la rue.

13. Biseau (Jean), *Mémoire sur la chocolaterie Poulain et la fabrication du chocolat*, Institut catholique, école supérieure des sciences économiques et commerciales,
Arch. Poulain – 00001/323, 1923, p. 66.

14. Nous le savons intuitivement, le chocolat nous fait du bien. Son ancien nom, « chocolat de santé », est aujourd'hui confirmé par les analyses scientifiques. Il contient, outre une coalition de substances toniques, de la théobromine, de la caféine, de la sérotonine et une molécule proche de la structure des amphétamines, la phényléthylamine qui apaise l'angoisse. Les effets conjugués de ces molécules s'associent à de nombreux minéraux, tels le phosphore et le magnésium, dont ce dernier en quantité non négligeable (120 mg pour 100 g de chocolat noir, soit 40 % des apports journaliers recommandés). Difficile de trouver un aliment sainement énergétique aussi délicieux !

BIBLIOGRAPHIE

Sources

Archives départementales de Loir-et-Cher, Drac d'Orléans, archives industrielles de la chocolaterie Poulain et archives privées.

Ouvrages consultés

BALZAC (Honoré de), « L'épicier » dans *Scènes et aspects de la vie contemporaine, Œuvres complètes,* t. XIV, Éd. Le Club français du livre, Paris, 1967.

BISEAU (Jean), *Mémoire sur la chocolaterie Poulain et la fabrication du chocolat*, Institut catholique, école supérieure des sciences économiques et commerciales, Arch. Poulain – 00001/323, 1923.

CHAVIGNY (Jean), *La Belle Histoire du chocolat Poulain*, Blois, 1948, (plaquette réalisée pour le centenaire de la chocolaterie).

DORCHY (Henry), *Le Moule à chocolat,* Les Éditions de l'amateur, Paris, 1987.

FAVRE (Joseph), *Dictionnaire universel de cuisine et d'hygiène alimentaire,* Librairie-imprimerie des Halles et de la Bourse de commerce, 4 vol., Paris, s.d. (1883-1892).

LÉON (Patrick), « L'Ancienne chocolaterie Poulain : qualité de l'architecture dans une usine de confiserie (1862-1991) », dans *Mémoires de la Société des sciences et lettres de Loir-et-Cher,* t. 51, pp. 169-189, Blois, 1996.

LOMBARD (L.-M.), *Le Cuisinier et le médecin,* L. Curmer, Paris, 1855.

MEUNIER (Sophie), *La chocolaterie Poulain : essor et stratégie de vente (1848-1919)*, mémoire de maîtrise d'histoire contemporaine, université de Tours, oct. 1989.

ROBERT (Hervé), *Les Vertus thérapeutiques du chocolat*, Artulen, Paris, 1990.

REMERCIEMENTS

Marie-Christine Clément tient à remercier très chaleureusement les personnes citées ci-après qui lui ont permis de construire cet ouvrage.

M. et Mme Serge Bénard pour leurs irremplaçables anecdotes sur l'aventure du Chocolat Poulain dont la famille a incarné l'histoire pendant trois générations ; M. Berbez pour ses précieux éclaircissements sur l'histoire des chromos-réclames ; M. Claude Bouclet ; M. Chartin et sa fille Mme Lécuyer ; Mme Emer ; M. Antoine Favron ; M. Christian Gomaere ; Mme Nathalie Guellier de la Maison de la Magie à Blois ; Mme Élisabeth Latrémolière, M. Bruno Grignard et M. Sylvain Bellenger, de la conservation du château de Blois ; Mlle Hélène Leclert pour son amicale confiance ; M. Patrick Léon de la Drac d'Orléans ; M. Mahoudeau et M. Robinet des Archives Saint-Gobain ; Mlle Sophie Meunier ; M. et Mme Roulleau ; et, enfin, Mme Nina Favart, en charge des collections du musée municipal de Pontlevoy, dont la passion pour l'histoire publicitaire du chocolat n'a d'égale que sa grande compétence. Qu'elle soit ici vivement remerciée. Le musée municipal de Pontlevoy (Loir-et-Cher) présente trois salles consacrées à l'histoire publicitaire du chocolat au XIXe siècle et on peut y retrouver la seule exposition de chromos-réclames qui existe actuellement en France .

Les auteurs et l'éditeur remercient également très sincèrement M. Marc Baraban et sa passion contagieuse pour le chocolat, sans qui vraisemblablement cet ouvrage n'aurait jamais existé.

Stylisme

Nous remercions Christiane Perrochon qui a mis très aimablement à notre disposition les pièces uniques de sa vaisselle de création dont la matière et les couleurs ne pouvaient mieux répondre à celles du chocolat. À Paris, on peut retrouver les créations de Christiane Perrochon chez Catherine Memmi (34, rue Saint-Sulpice, Paris 6e), Julie Prisca (46, rue du Bac, Paris 7e) et Joyce (9, rue de Valois, Paris 1er).

Linge, serviettes et nappes en lin : Muriel Grateau (29, rue de Valois, Paris 1er) ; la Paresse en douce (97, rue du Bac, Paris 7e) : p. 88, 101, 105.

Vaisselle : Christiane Perrochon pour Catherine Memmi, p. 63, 79, 117 ; assiettes : Palais-Royal (13, rue des Quatre-Vents, Paris 6e), p. 87, 105, 113.

Argenterie : Puiforcat (2, avenue Matignon, Paris 8e), p. 55, 59, 60, 63, 69, 91 ; Peter (33, rue Boissy-d'Anglas, Paris 8e), p. 101 ; Christofle (9, rue Royale, Paris 8e), p. 64, 88 ; Au puceron chineur (23, rue Saint-Paul, Paris 4e), p. 60, 87 ; Xanadou (10, rue Saint-Sulpice, Paris 6e), p. 109 .

Verreries : Boutique scandinave (99, rue de Rivoli, Paris 1er), p. 88 ; verreries et moules en verre : Xanadou , p. 64, 93, 94.

Moules à madeleine : Cuisinophilie (28, rue du Bourg-Tibourg, Paris 4e), p. 73. Chocolatière : Marion Held-Javal (5, rue des Petits-Champs, Paris 1er), p. 48. Moussoir : Eschwege orfèvre (42, rue Meslay, Paris 3e), p. 48-49. Objets de magie : la Tortue électrique (5, rue Frédéric-Sauton, Paris 5e), p. 113.

Objets Chocolat Poulain : musée de Pontlevoy (35, rue du Colonel-Filloux, 41400 Pontlevoy), p. 4-5, 59, 63, 69, 81, 88, 93, 94, 105, 109 et collections particulières.

Crédits photographiques

Les documents anciens proviennent de la chocolaterie Poulain, du musée municipal de Pontlevoy, de collections privées et :
p. 15, © Maison de la Magie, Blois ;
p. 20, © Roger-Viollet.

TABLE DES RECETTES

Conception graphique : Thierry Dubreil

Stylisme : Sandrine Giacobetti et Bernadette Herber

© Éditions Albin Michel, S.A. 1998
22, rue Huyghens – 75014 Paris
ISBN 2-226-10037-7

Photogravure : Bussière, Paris
Impression et reliure : Mame Imprimeurs, Tours
Achevé d'imprimer : avril 1998
N° d'édition : 17305
N° d'impression : 98 02 2001
Dépôt légal : septembre 1998